重点产业未来发展对工程科技的需求研究

王宏伟 等 ◎ 著

中国社会科学出版社

图书在版编目（CIP）数据

重点产业未来发展对工程科技的需求研究／王宏伟等著．—北京：中国社会科学出版社，2021.9
　　ISBN 978 – 7 – 5203 – 9134 – 4

　　Ⅰ.①重…　Ⅱ.①王…　Ⅲ.①产业发展—工程技术—研究—中国　Ⅳ.①F269.2

中国版本图书馆 CIP 数据核字（2021）第 187223 号

出 版 人	赵剑英
责任编辑	黄　晗
责任校对	李　莉
责任印制	王　超

出　　版	中国社会科学出版社
社　　址	北京鼓楼西大街甲 158 号
邮　　编	100720
网　　址	http://www.csspw.cn
发 行 部	010 – 84083685
门 市 部	010 – 84029450
经　　销	新华书店及其他书店
印　　刷	北京明恒达印务有限公司
装　　订	廊坊市广阳区广增装订厂
版　　次	2021 年 9 月第 1 版
印　　次	2021 年 9 月第 1 次印刷
开　　本	710×1000　1/16
印　　张	13.75
插　　页	2
字　　数	181 千字
定　　价	76.00 元

凡购买中国社会科学出版社图书，如有质量问题请与本社营销中心联系调换
电话：010 – 84083683
版权所有　侵权必究

序　言

　　工程科技直接将科学发现与产业发展联系在一起，是经济社会发展的主要驱动力。工程科技的每一次重大突破，都会催发社会生产力的深刻变革，推动人类文明迈向新的更高的台阶。当前，新一轮的科学技术革命和产业变革已经提速，世界各国已经进入创新竞技的新阶段，纷纷致力于制定有利于本国发展的创新战略，以期在这一轮竞争中脱颖而出。科学技术作为第一生产力的作用愈益凸显，工程科技进步和创新对经济社会发展的主导作用更加突出。在这一重要的发展阶段，我们既要积极应对挑战，也要主动抓住机遇。如何科学、有效地遴选未来科技发展的优先领域和重点方向，提前做好工程科技发展的战略储备，集中优势力量攻关关键核心技术，并率先提供先进适用的工程技术，是推进和落实创新驱动发展战略、实现科技自立自强的关键，也是世界各国政府共同关注的重要议题。

　　技术预见作为对未来科学技术发展及其经济、社会、环境影响进行的有步骤、系统性的探索过程，旨在选出能够产生最大经济与社会效益的科技研究领域和关键技术，对于优化科技资源配置、指导科技发展战略和规划制定的作用日益凸显。目前国内已有多个机构开展技术预见研究，例如科技部的国家技术预测研究、中国科学院的未来技术预见系列研究、中国工程院与国家自然科学基金委员会联合开展的中国工程科技发展战略研究等，逐步形成了符合中国发展实际、促进科技与经济社会协同发展、有效支撑国家科技发展战略制定的技术预见研究体系。本书切换了视角，是从未来经济社会发展需求的角度，来研究工程科技的未来发展方向，这类的研究目前还不多见。

当今世界正经历百年未有之大变局，全球治理体系和国际秩序变革不断加快，中国发展面临的国内外环境发生深刻复杂变化。对于未来经济社会发展趋势的把握，是判断工程科技发展方向的基础，而且未来经济社会发展和民生改善比过去任何时候都更加需要科学技术解决方案。因此，工程科技的预见研究要更加重视对未来经济社会发展形态和愿景的研判，要更加突出未来经济社会发展对工程科技的需求，要更加注重对未来国家发展战略的支撑保障作用。从这个角度来看，开展面向未来发展的工程科技需求研究具有特别重要的现实意义。

本书是从需求的角度出发，一是构建了基于未来经济社会发展需求的工程科技发展方向预见的研究框架和体系，并从理论层面研究了科技进步与产业发展之间的相互关系，重点从需求侧角度分析了新兴产业发展推动技术创新的机理。二是基于经济发展和社会形态的愿景分析和重点领域发展战略目标要求，并结合目前面临的关键问题，多维度提炼出为了满足未来经济高质量发展和人民美好生活，对重点领域工程科技发展的需求方向；三是以医疗卫生和能源行业为例，从需求角度预见工程科技发展的方向、关键技术和产业化前景。本书提出的需求侧工程科技预见研究框架和思路，突出体现了经济社会发展需求对工程科技发展的拉动作用，是在传统技术预见研究基础上的有益探索和创新。

本书的理论基础扎实，分析科技进步与产业发展互动关联的作用机理，为需求侧工程科技预见提供了理论依据；研究方法科学有效，综合采用多种技术预见方法，邀请学科领域专家学者展开多轮研讨，提出产业发展对工程科技的需求方向；研究丰富了实证分析，具有较强的现实意义，为我国超前和合理布局核心技术和重点领域，满足国家战略需求和民生需要、顺利实施创新驱动发展战略、促进产业结构优化升级、培育经济发展新动能提供重要参考。

2021 年 1 月

摘　　要

本书首先从理论层面研究了科技进步与产业发展之间的相互关系，重点从需求侧角度分析了新兴产业发展推动技术创新的机理。一般而言，产业发展程度越高，产业转型升级越快，对科技需求也越强烈。

其次，对技术预见方法从定性到定量方法演变的过程进行了综述，同时从需求侧对技术预见的方法进行总结。技术预见活动经历了从技术预测到技术预见的发展历程，逐渐向经济、社会各个领域渗透，涉及主体从企业、政府到科研机构等不断扩散，美国、日本、韩国、英国、法国、德国等国家纷纷开展了长期大规模的技术预见活动。随着国内外专家学者对技术预见方法研究的深入，单一技术预见方法的缺点逐渐显现，技术预见方法呈现多元化发展的趋势。

再次，从理论研究和各国实践总结出发，提出了分析重点产业工程科技需求的技术路线，并展开相应的研究。具体来说，基于未来经济发展预测，包括医药、能源、信息等重点行业的发展预测；基于科技、生态环境、社会、人口、生活消费、能源、信息等领域的愿景分析；基于国家重大战略中重点行业及其科技发展的目标要求等，并结合行业发展面临的关键问题，提炼出对重点行业工程科技发展的需求方向，并对具体技术领域的需求进行聚焦提炼。

最后，以医疗卫生和能源两个行业为例，分别设计了这两个行业未来发展对工程科技需求的调研方案和调查问卷，采用专家访谈法、情景分析法和两轮德尔菲调查法等多种组合方法，对两个行业的技术专家、战略专家和企业家进行调研，从需求侧角度分析未来工程科技发展的技术方向及其可能的产业化前景。根据研究推断，到 2040 年，在医疗卫生领域，智慧医疗、精准医疗和远程医疗将是未来重要的需求方向。采用统计分析方法进一步提出对基于组学大数据的疾病预警及风险评估技术、慢性病防控工程与治疗关键技术、基于生物医学大数据的个性化健康管理技术、基于分子检测和分子影像的精准诊断及疗效评价技术、面向社区的健康大数据及智能健康管理系统等方面具体的技术需求集。在能源领域，提高节能和能源效率技术、促进化石能源清洁高效开发利用、提高能源安全、降低环境约束、完善能源管理将是未来重要的需求方向。采用统计分析方法进一步对煤炭等化石能源清洁高效开发利用技术、新能源汽车技术、深海油气、非常规油气勘探开发技术、智能电网、储能技术、能源综合系统/综合能源服务等方面提出具体的技术需求集。

关键词：经济社会发展愿景　产业未来发展　国家重大战略　工程科技需求　技术预见

Abstract

Firstly, the relationship between scientific and technological progress and industrial development is studied from the theoretical level, focusing on the mechanism of the development of emerging industries to promote technological innovation from the perspective of demand side. Secondly, the evolution of technology foresight from qualitative to quantitative methods is summarized, and the methods of technology foresight are summarized from the demand side. Based on the theoretical research and practice summary of various countries, the technical route of analyzing the future demands for engineering technologies of key industrials is put forward, and the corresponding research is carried out. Specifically, based on the forecast of future economic development, including the development forecast of key industries such as medicine, energy and information; based on the vision analysis of science and technology, ecological environment, society, population, living consumption, energy, information and other fields; based on the target requirements of key industries and their scientific and technological development in major national strategies, combined with the key problems faced by the industry development, etc., this study extracted the demand directions of the development of engineering science and technology in the key industries and the demands of specific technical fields.

This study took the two industries of health care and energy as examples, and designed the investigation schemes and questionnaires on the future development of the two industries for the demands of engineering science and technology. By using the combination methods of expert interview, scenario analysis and two rounds of Delphi survey, this research investigated the viewpoints of the technical experts, strategic experts and entrepreneurs of the two industries, and analyzed the technical directions of future engineering technology development and the possible industrialization prospects from the perspective of the demand side. According to research, by 2040, intelligent medical treatment, precision medical treatment and telemedicine will be the key development directions in the field of medical and health in the future. The methods of statistical analysis were used to further put forward specific technical demands from the following aspects: disease early warning and risk assessment technology based on big data of histology, key technology of chronic disease prevention and control engineering and treatment, personalized health management technology based on big data of biomedicine, precise diagnosis and efficacy evaluation technology based on molecular detection and image, community – oriented health big data and intelligent health management system. In the field of energy, improving energy conservation and energy efficiency technologies, promoting clean and efficient development and utilization of fossil energy, improving energy security, reducing environmental constraints, and improving energy management will be the important demand directions in the future. By using the statistical analysis method, this study further put forward specific technical demands from the following aspects: technologies for clean and efficient development and utilization of coal and other fossil energy sources, new energy vehicle technologies, deep – sea oil and gas, unconventional oil and gas exploration and development technologies, smart grid, energy storage technologies, energy integrated systems / integrated energy services, etc.

Key Words: Vision for Economic and Social Development; Future Development of Industry; National Major Strategies; Engineering Science and Technology Needs; Technology Foresight

目　录

第一章　国内外关于科技需求的相关文献综述 …………………（1）
　　第一节　基于未来经济社会发展愿景和国家重大战略的
　　　　　　科技需求研究 ………………………………………（1）
　　第二节　基于未来重点产业发展的科技需求研究 …………（6）
　　第三节　技术预见及其方法研究 ……………………………（7）
　　第四节　现有文献述评 ………………………………………（12）

第二章　产业发展对工程科技需求的机理研究 ………………（14）
　　第一节　科技进步与产业发展的互动关系分析 ……………（14）
　　第二节　产业发展的科技需求理论 …………………………（17）
　　第三节　基于产业技术路线图的科技需求分析 ……………（25）
　　第四节　科技驱动产业发展的传导路径分析 ………………（31）
　　第五节　产业发展对科技需求的传导路径分析 ……………（35）

**第三章　产业发展对工程科技需求分析方法研究与各国
　　　　　实践应用** ……………………………………………（39）
　　第一节　技术预见发展与方法演进 …………………………（39）
　　第二节　技术预见的主要方法 ………………………………（40）
　　第三节　国内外技术预见实践的方法应用 …………………（52）

**第四章　重点产业发展对工程科技需求的研究框架、
　　　　　研究方法和实施过程** ………………………………（63）
　　第一节　整体研究框架 ………………………………………（63）

第二节　产业发展对工程科技需求分析的实施过程…………（65）
第三节　研究方法…………………………………………（68）

第五章　2040年中国经济发展预测及愿景分析 ……………（71）
第一节　2040年中国经济发展预测研究 …………………（71）
第二节　2040年社会发展愿景分析 ………………………（78）
第三节　2040年科技发展愿景分析 ………………………（82）
第四节　2040年能源生态发展愿景分析 …………………（86）

第六章　基于国家重大战略的工程科技发展需求分析………（91）
第一节　基于国家重大战略的关键科技领域需求分析………（91）
第二节　国家重大战略对重点领域关键科技需求集
　　　　总结分析……………………………………………（108）

第七章　基于未来重点产业发展的工程科技发展需求分析 …（114）
第一节　面向2040年医疗卫生产业发展的工程
　　　　科技需求……………………………………………（114）
第二节　面向2040年能源行业发展的工程科技
　　　　需求分析……………………………………………（128）

参考文献 ………………………………………………………（148）

附录一　医疗卫生产业工程科技需求预见调查问卷 …………（177）

附录二　能源行业工程科技需求预见调查问卷 ………………（190）

后　记 …………………………………………………………（204）

第一章

国内外关于科技需求的相关文献综述

第一节 基于未来经济社会发展愿景和国家重大战略的科技需求研究

未来经济社会发展愿景是工程技术需求分析的出发点,也是最终的落脚点。当今经济社会发展需求对于工程科技的拉动作用不断加大,工程技术发展的过程即是满足和创造经济社会需求的过程。近年来,世界各国在技术预见中逐渐强化需求研究,将满足未来经济社会发展的愿景,作为遴选关键技术的重要标准。

第二次世界大战期间,美国军方首次采用技术预测方法为制定政策提供科学的依据。随后,日本、英国、德国等国家将技术预见作为政府制定科技政策,使科技最大化作用于经济及社会发展的一种尝试。随着经济全球化进程加速,技术发展日新月异,技术预见逐步演变为世界性潮流,经历了"始于美国—日本改进—欧洲跟进—世界各国开始加入"的历史进程(高卉杰等,2018)。

日本于1971年成功开展了第一次全国范围内的技术预见,成为全世界第一个运用德尔菲法进行技术预见的国家,目前日本共开展了11次技术预见活动。到20世纪90年代,日本的技术预见调查已经开始影响世界,它将综合性科技政策与技术预见调查相结合,为日本科技规划和政策的制定提供依据。2000年的第七次技术预见首次引入需求分析，设立了"新的社会经济系统、老龄问题和安全与保障"三个需求研究小组，综合采用德尔菲、需求分析等方法确定出未来30年与社会经济需求相关课题420项。在2005年第八次技术预见调查中新增了情景分析法（陈峰，2007）。2010年第九次技术预见调查开始把满足社会经济发展需求、改善人民生活等问题作为主要目标，采用了德尔菲法、情景分析法和地区研讨会法。2015年第十次技术预见则依托于大数据及数据科学的发展，开发了在线的德尔菲调查系统，给专家发放在线问卷，再借助可视化技术和在线统计，在线分析问卷调查结果。并选取"社会公共建设""面向服务的社会"两大领域的关键技术作为调查对象，使用情景分析法和未来愿景分析法，着重解决人民生活的重大需求和挑战。2019年第十一次技术预见通过德尔菲法设定了2050年有望实现的702个科技主题，并进行了关于重要性、国际竞争力、可行性等的专家调查问卷。结合地平线扫描、愿景分析、情景分析等方法分别对科学技术和社会趋势、"社会未来形态""科学技术未来形态""基于科学技术发展的社会未来形态"4部分进行研究。并以2040年为目标年份，整体描绘了未来的发展蓝图（许彦卿、周晓纪等，2020；王达、苗晶良，2020）。

英国从20世纪90年代正式开展技术预见工作，目前共完成了三轮技术预见。第一轮分领域进行技术预见（1994—1998年），采用德尔菲法确定了未来10—20年的27个优先发展领域和5个新兴领域（许端阳、徐峰，2011）。第二轮主题式技术预见（1999—2001年），从单纯技术领域扩展至经济社会发展各个方面，强调走向科技与社会的全面整合，涉及人口老龄化、防止犯罪、2020年的制造业三个专题小组，教育、技能与培训两个主题小组，电子商务专门小组以及十个行业小组。第二轮技术预见主要采用"知识池"的方法，即提供研究计划的一般信息、关于未来的设想和观点、预见研究小组的管理信息和工作记录等，是技术预见重要的信息门户（李思敏，2020）。第三轮技术预见（2002年至今），采用滚动项目的组织形式推进，从技术进步解决社会问题与科技发展边界等两个方面开展技术预见。其中，2010年英国开展了"技术与创新未来项目"，并发布了《技术与创新未来：英国2030年的增长机会》，对英国面向2030年的核心技术及关键领域的发展进行了系统性预见（Government Office for Science，2010；孟弘等，2013）。

德国于1992年与日本合作使用日本第五次技术预见的问卷和方法，实现了技术预见方面的首次国际合作（Hariolf Grupp，2001）。2007—2009年，德国联邦教育与研究部在开展第一轮技术预见，并定位了7个大领域14个未来方向。2012年实施的第二轮技术预见（2030年技术预见）则通过专家访谈和讨论广泛地收集意见，寻找潜在的科技发展趋势。例如，通过开展广泛的意见调查，发现大众对2030年的生活愿景是"通过各种租赁和共享服务来提高日常生活的品质""通过提高国民的科学兴趣，共享科学数据，从而推进环保工作的开展"等。技术预见工作者从思考如何实现国民对未来期望的角度，作出国家未来技术发展规划（魏阙和边钰雅，2015）。

中国自20世纪90年代开始开展技术预见活动，系统性的技术预见在2000年后开始兴起（杨幽红等，2010）。梁帅（2019）也指出技术预见的价值理念逐渐从科技政策导向，向社会发展导向和愿景使命导向发生转变，同时其实施路径也相应转变。国家层面的技术预见活动最早由科技部和中国科学院带头开展，科技部于2002年启动技术预见工作，目前共开展了六次技术预见活动。2003—2005年，科技部先后开展了包括信息、生物等九个领域的国家技术预见（左晓利和许晔，2012）。中国科学技术发展战略研究院在编制国家科技发展"十二五"规划时均探索性地引入了需求分析工具。在

2013年启动的"十三五技术预测"中按照"技术摸底、技术预见、关键技术选择"三个阶段进行推进，综合运用德尔菲法、文献计量等定性定量相结合的方法，对信息、生物、新材料等13个领域进行调查，从科技整体状况、领域发展情况和重大科技典型案例等方面对当前中国技术发展水平及其与世界先进水平的差距进行了客观分析（孙永福、王礼恒等，2018）。2019年，为支撑新一轮中长期科技发展规划（2021—2035年）的编制，科技部启动了第六次国家技术预测工作。这次技术预见主要集中在信息、新材料、制造、空天、能源等17个领域，坚持前瞻引领与需求导向相结合、专家参与与多方协同相结合、领域预测与交叉研究相结合、预测研究与规划制定相结合的工作思路，加强技术竞争评价、重大科技需求分析、科技前沿趋势分析、领域技术调查、关键技术选择5个方面的工作。

2003年，中国科学院开展了"中国未来20年技术预见研究"，以德尔菲调查为基础，综合定量分析与专家会议等方法，针对系统化技术预见方法论、中国未来20年情景分析与技术需求、大规模技术预见调查，政策分析以及技术发展趋势跟踪与监控5部分内容进行研究，涉及8个技术领域，共737项技术课题，并于2005年和2008年完成了4个领域的技术预见研究（中国未来年技术预见研究组，2006）。2009年，中国科学院在发布的《创新2050：科技革命与中国的未来》中描绘了中国2050年在能源、人口健康、空间与海洋等18个重要领域的科技发展路线图，提出构建以科技创新为支撑的中国八大经济社会基础和战略体系。

2009年中国工程院启动的"面向2030年的中国工程科技发展战略研究"是对中国工程科技中长期发展战略第一次较为全面、系统的研究。在分析世界工程科技发展大趋势、中国面向2030年经济社会发展的需求以及中国工程科技未来发展能力的基础上，提出中国工程科技发展战略、建议实施的重大工程和重大工程科技专项（"中国工程科技中长期发展战略研究"项目组，2012）。2015年自然科学基金委和中国工程院联合开展中国工程科技战略研究，双方联合组织了"中国工程科技2035发展战略研究"。在工程科技战略研究中首次系统引入技术预见，采用以专家研讨与德尔菲法为主，以文献计量、专利分析、情景分析与需求分析的综合方法，在识别国家重大战略需求的基础上，谋划我国工程科技发展战略，完成了《中国工程科技2035技术预见研究》。该研究报告强调要面向科技强国建设对工程科技创新的要求，将需求牵引与技术推动相结合开展工程科技中长期发展战略研究和路径谋划。在地区层面上，技术预见的应用在中国一些省市陆续展开。2001年，上海市和北京市先后启动技术预见研究。2009年，上海在"技术预见第二次德尔菲综合调查（2011—2025年）"中增加了经济社会发展愿景与需求德尔菲调查，从而使得需求研究与技术调查的结合程度大幅度提高（李万，2011）。2008年广东省开展科技创新平台"产业技术预见制定"试点工作。武汉、天津、山东、新疆等地区也先后开展了区域技术预见活动，云南、武汉、广州、江西和贵州还发布了各自的技术预见报告。

相关研究还包括具体领域国家战略的科技需求。例如，杨雪（2005）研究了新型工业化战略实施对工程科技的需求。运用可持续发展理论、信息化理论、内生经济增长理论、需求理论和溢出效应理论，从科技商品出发，以企业、产业和区域三方面科技需求以及它们之间的关联分析为核心内容，构建了辐射微观与宏观系统的科技需求理论体系，并在深入剖析新型工业化内涵及其主要内容的基础上，研究了新型工业化对科技需求的作用机制和实际科技需求问题。此外，学者基于国家战略研究了细分技术领域的技术需求。根据国家"两化"深度融合和推进实施"中国制造2025"的战略要求，彭健（2018）提出为了更好地服务和支撑国家重大战略的有效实施，可以开展"频谱高速公路"前瞻性研究。

第二节 基于未来重点产业发展的科技需求研究

产业发展要服务经济社会发展需求与愿景，也是国家战略实施的主要阵地。研究表明产业升级要以技术进步为核心驱动，产业发展目标对工程技术形成了需求，指明了技术发展的轨迹路线。基于未来重点产业的发展要求，可以对新技术进行技术预见，或者利用产业技术路线图预测现有技术发展，为产业发展制定相关技术政策提供理论依据。有学者立足于电子信息、能源、资源与环境等产业领域，进行了广泛的技术预见，这些研究既具有技术预见的共性，又带有特定产业发展的特色。安达等（2017）对信息与电子领域进行了两轮德尔菲法技术预见调查，筛选出关键应用技术、重要通用技术和潜在颠覆性技术，并针对"大数据技术、先进计算技术和天地一体化信息网络技术"等重要技术项在两轮调查结论上的不同之处进行了对比。

还有一些学者研究基于产业技术路线图等方法，将产业发展置于经济、社会、环境的变化，从而识别市场驱动因素，在此基础上识别关键性核心技术的研发。沈应龙（2018）分析了人工智能的根技术、核心共性技术、智能应用技术及其典型应用场景，认为目前人工智能产业的发展存在不断拓展并深挖核心技术、积极寻求在传统产业应用空间的两个主要趋势。王倩等（2018）分析了中国大数据产业的共性技术需求，研究过程包括：分析大数据市场需求，即产业发展现状和产业 SWOT 分析；确定产业发展目标，分析大数据产业驱动力，明确产业技术发展目标。在此基础上，识别工程技术需求，通过专利地图法对未来亟须攻克的大数据产业共性技术进行识别，发现大数据产业共性技术发展的趋势。最后，根据产业共性技术，凝练出大数据产业发展需求及技术发展趋势。沈晓平等（2012）则通过比较研究，分析了中关村高端创意产业的核心技术，发现这些核心技术与美国、日本、欧盟等发达国家和地区的国际顶尖技术水平还存在不小差距，尤其在前沿技术上差距明显。贾晓峰等（2018）研究了医药制造产业技术发展路径，横向围绕医药制造产业技术发展路径的演化和发展，设定较为合适的时间轴跨度和时间段间隔作为医药制造产业技术路线图的横轴；纵向分析市场需求，以不同类别药物在不同时间点的市场销售额、市场占有率和市场竞争力为指标，综合判断时间变化趋势。

第三节　技术预见及其方法研究

技术竞争是国家和企业竞争的重要内容，世界主要国家高度重视技术预见研究，将预见前沿技术作为各国战略布局的重点。20 世纪 70 年代以来，很多发达国家和亚太经合组织、联合国工业发展组织等国际组织都先后开展了各类技术预见活动，旨在确定优先发展的技术领域。除了上述美国、日本、英国、德国等国开展技术预见，俄罗斯于 2007 年开始组织"2025 年科技发展预先项目"，预测宏观经济发展、科技发展和工业发展，为最不发达的经济领域技术寻找可行的发展方向，并于 2009 年和 2011 年发布后续研究报告，不断完善其技术预见方法和体系（Sokolov, A., et. al, 2013）。美国兰德公司（Silberglitt, R., et. al, 2006）、汤森路透（Reuters, T., 2014）和美国战略与国际研究中心（Miller, D. T., 2015）分别对全球 2020 年、2025 年和 2045 年可能产生重大突破的创新点进行了预见。除此之外，技术预见也受到国际组织的重视和运用。例如，

1990年国际未来研究项目（IFP）由 OECD 启动，1998 年 APEC 成立了技术预见中心（CIF），1999 年年底"面向拉丁美洲与加勒比海地区的技术预见项目（TF for LAC）"展开，2014 年欧洲议会科学技术选择和评估委员会（STOA）开展了对未来 20—50 年的科学和技术预见工作。截至 2019 年年底，已开展多项具有多学科特性的预见研究（曹学伟，2020），这些研究项目为制定政策提供科学依据，同时也为技术预见活动在全球的扩展做出了重要贡献。

国内学术界对技术预见的概念、实质、意义、方法等进行了探讨。樊春良（2003）认为技术预见是制定长远战略规划的新机制，能够通过对预期的理解、政策制定过程中的协商、创造实现未来的机制等方面，有效建立科学与社会的新契约关系。李万（2007、2019）指出技术预见本质上具有整体化前瞻、系统化选择、最优化配置的特征，中国应积极实施引领性预见和愿景型规划，促进科技创新发展。汪雪锋等（2019）通过对技术预测与技术预见进行区分，指出技术预见的作用对象不只是技术本身，还要对技术未来发展的背景及其可能产生的效应进行分析。

通过文献梳理发现，当前技术预见领域最常用的方法主要包括德尔菲法、问卷调查法、趋势外推法、技术路线图、神经网络、专利分析文献计量、情景分析、需求分析、SWOT 分析等 13 种（李国秋和龙怡，2014）。其中，德尔菲法最为常用，即通过匿名的方式获得各位专家反馈，反馈意见会在多轮调查中趋于收敛，具有较强的统计意义和可操作性（穆荣平等，2006）。该方法于 20 世纪 70 年代末引进中国，经历了引进介绍、创新发展阶段，在中国技术预见与科技规划制定中发挥了重要作用。许立达（1981）在评述国外文献基础上，重点讨论了德尔菲法的稳定性与一致性等问题，是中国最早关于德尔菲法的研究文献。之后，陈玉祥（1982）、董德基（1982）、李仲篪（1985）等分别就德尔菲法的特点、设计流程、选择专家等应用中需要注意的问题进行了研究，推动了该方法的引进与应用。进入20世纪90年代，相关研究开始增多，进入创新发展阶段。陈玉祥和朱东华（1990）积极推动领域创新，提出应加强德尔菲法原理、调查表设计、调查组织以及与其他技术预测模型关系等的研究。之后学者围绕改进德尔菲法、专家选择、改进数据处理方法等问题展开了广泛研究，在各个维度拓展了该研究方法。蔡辉等（1995）提出了专家评价可靠性问题，认为要以专家群体意见作为标准，分类分析评价专家，调整选择评价专家，提高专家意见协调程度。管春和胡军（2006）基于BP神经网络法对德尔菲法进行改进，减少了权值分配的人为不正确影响，将预测结果与权值分配相关联。张冬梅与曾忠禄（2009）针对技术发展不确定性，引入技术环境监测法，根据假设和预见结果的早期迹象是否出现，及时确认或修正专家前期的预见结果，提高技术预见的可靠性。

在应用方面，技术预见、科技发展长期趋势预测是德尔菲法最重要的应用领域。1989年日本针对247个研究机构所用的预见方法进行了一次调查，发现德尔菲法非常适合长期技术预见。穆荣平等（2006）以日本和英国为例说明了不同国家采用德尔菲调查问卷问题设计存在的差异，反映了两国经济制度和文化的差异。在判断技术课题的重要性方面，日本侧重技术课题的综合重要程度，英国从"财富创造"和"生活质量"两个方面进行判断。日本希望了解技术课题的领先国家，英国则希望了解英国在技术课题全球研究开发中的水平。20世纪80年代，中国刚引入德尔菲法时，最主要应用领域就是科技发展的长期趋势预测。中国学者结合实际发展需求，在能源技术、环境技术、电子信息技术等领域广泛应用了德尔菲法，并对其具体过程进行了改进。袁志彬等（2008）对资源与环境技术领域未来20年发展进行技术预见，分析了该技术子领域技术课题的重要性、预计实现时间、中国研究开发水平与国际领先国家和发展制约因素。胡冬雪与胡志根（2009）采用市场德尔菲法分析了新能源汽车领域关键技术课题清单，并分析了关键技术、预期实现时间、研发水平、能否形成自主知识产权、能否形成产业化的发展路径。但智钢等（2017）根据德尔菲法的调查结果，筛选出 2035 年中国环境工程科技发展的关键技术、共性技术以及颠覆性技术，分析了技术实现时间、发展水平与制约因素。巫英（2017）基于技术预见方法，运用德尔菲法，在分析南方×省能源产业和能源技术发展情况的基础上，预测和评估能源领域的未来技术发展趋势。陈进东等（2019）将德尔菲法与文献计量、情景分析等方法综合，开展备选技术清单选择、调查问卷设计、专家调查和集成分析论证等研究，开展了面向未来 20 年工程科技关键技术选择与评估研究。

  问卷调查法作为直接的信息搜集方法，是技术预见核心方法德尔菲法的基础。问卷调查法是以实证主义为方法论的量化研究方法，在调查研究中的使用越来越普遍。学者就问卷调查法的优缺点、类型及研究程序等进行了探讨，旨在寻找设计最优调研方法，更高效地收集信息并完成研究目标。井润田等（2008）对国内问卷调查应用现状进行了回顾，并结合自身所做的问卷调查结果说明了进行企业调查的困难性，并提出重视调查渠道、慎重保密承诺、重视文化背景、尊重调查对象等建议。郑晶晶（2014）认为问卷调查法是通过把标准化的问卷分发或邮寄给有关的人员，然后对问卷回收整理并进行统计分析，从而得出研究结果的研究方法，并从问卷调查法研究的概念、类型特征等出发，对有关问卷调查法研究的文献进行了系统的梳理。随着网络技术的不断发展，网络问卷调查应用也越来越多。万聪（2014）认为网络问卷调查和传统问卷调查相比有独特的优势，例如成本较低、数据回收方便、可重复使用、方便修改等，但存在回复质量较低、回复率不高等问题，进一步地通过实证研究和文献分析相结合的方法，探讨了网络问卷调查设计的原则。

崔壮和胡良平（2017）分析了问卷调查研究的主要内容和调查设计的关键技术，并对调查对象、调查方法、抽样方法、调查前准备工作、调查的实施及调查过程中的注意事项进行了宏观概述，还对问卷调查设计方案、实施调查过程中的关键技术做了简要介绍，以期提高调查研究工作的速度、质量和效益。

在应用方面，问卷调查法在教育调查、技术趋势分析、旅游研究等众多领域具有广泛的应用前景。学者结合各个领域的实际问题，对问卷调查的具体流程、设计重点等进行了研究。李效顺等（2014）通过问卷调查法对土地资源领域的关键技术进行梳理，通过把握专家关注点、科技水平和土地领域技术前沿与社会需求，进而重点分析判断当前土地技术竞争力和发展态势，为土地资源领域科技管理和技术创新提供参考。张志华等（2016）研究了问卷调查法在旅游研究中的应用，以国内四大核心期刊的468篇涉及问卷调查法的旅游研究论文为研究样本，发现存在如下问题和不足：问卷设计规范意识不强，缺乏对问卷设计的理论基础和问卷的试测与修正的必要描述；样本的代表性不明，缺乏对抽样方法、问卷回收率、样本规模确定的必要说明；问卷数据统计分析方法的选择与调查目的不匹配，缺乏对数据信度与效度的检验，并在此基础上，明确问卷调查的应用规范。

此外，学者就多种技术预见方法的组合进行了广泛探索。任海英（2016）认为采用组合和集成的方法进行技术预见是国内外研究的热点和趋势，而定性和定量方法相结合是较为常见的技术预见组合方法（沙振江等，2015）。高卉杰等（2018）总结出技术预见组合方法主要有三类：2种方法组合，如德尔菲法—技术路线图法；3种方法组合，如德尔菲法—文献计量法—情景分析法；多种方法组合，如德尔菲法—技术路线图—K均值聚类分析法—层次分析法。徐磊（2011）对德尔菲法和技术路线图的对接进行了探索。王纬

(2011)对太原市"十二五"技术发展进行了德尔菲法与技术路线图结合的技术预测研究。韩品尚(2014)综合德尔菲法和专利分析法对山东省新能源产业发展进行了技术预见。张乔木(2017)采用德尔菲法和聚类分析法的关键共性技术预见研究,对山西省新材料行业进行了分析。此外,技术预见综合研究方法还包括文献计量法与知识图谱分析(李牧南,2018),科学计量法(专利计量)和社会网络分析法(梁帅等,2015),德尔菲法、数据挖掘和聚类分析法(佟煊,2012),等等。李万(2009)将专家组法、情景分析法、德尔菲调查法、技术路线图和专利地图等方法进行融合,形成一种综合技术预见模式。葛慧丽等(2014)构建了融合科学计量和知识可视化方法的技术预见模型研究,将德尔菲法、科学计量法以及SWOT分析进行了组合,呈现新型研究方法与传统通用方法的多种技术预见组合。周源等(2017)提出基于数据挖掘的组合型技术预见方法,可以更好地识别针对未来不确定性的颠覆性技术及其路径跃迁,成为技术预见的未来发展方向。曹学伟等(2020)构建了基于"德尔菲法+科学计量+情景分析"三种方法组合的技术预见活动模型,旨在服务于中国中长期科技发展规划。

第四节 现有文献述评

通过对基于未来经济社会发展愿景、国家重大战略以及未来重点产业发展等视角分析技术需求研究的文献梳理,发现已有研究具有如下特点(见表1—1):一是在研究内容上,逐渐强化需求分析和实际应用价值。逐渐突出问题导向,面向解决国内经济发展、人民生活的重大需求和国际重大问题及挑战为技术预见的目标。二是在分析方法上,更加注重以问题解决为导向的预见方法的运用。不仅关注单个领域的技术发展趋势，而且逐渐转向社会需求，开始关注技术的跨领域交叉发展。三是在研究结论上，既有面向整体经济社会愿景的关键技术领域，又有侧重于特定战略目标，或者特定产业的技术需求。

表1—1　　　　　　　　已有文献梳理

研究视角	研究框架	研究结论	评价
基于未来经济社会发展愿景	综合调查与分析	未来中长期的技术方向；重点领域技术	面向未来、强调需求分析
基于国家重大战略	规范研究	面向国家现实的战略性技术	研究相对较少
基于未来重点产业发展	基于产业技术路线图的分析	特定产业的技术	面向产业发展规律、市场实际

资料来源：课题组绘制。

现有关于科技需求分析的文献也存在一些不足之处，比如分析视角较为单一，缺乏系统性、多维度的综合性需求分析。仅针对某个产业的分析，难以为整个国家的科技资源配置提供参考。针对未来经济社会发展愿景分析，对于当前现实问题的把握略有缺乏。在分析方法上，虽然近年来开始采用大数据等新兴技术手段展开分析，但是对于前沿方法的应用有待提高。针对特殊领域、新兴业态，还要改进原有分析方式，因问题而因地制宜地构建适用的方法。

第 二 章

产业发展对工程科技需求的机理研究

第一节　科技进步与产业发展的互动关系分析

从历史变迁来看，工程科技更直接地把科学发展同产业发展联系在一起，成为经济社会发展的主要驱动力量。事实证明，每一次产业革命都和技术革命密不可分，引发历次产业革命的恰恰是历史上最为典型的工程科技，也即各产业革命时期的主导技术，这些主导技术是引发历次产业革命的重要驱动因素，从而对经济社会发展和人民生活产生了深远影响。18世纪，导致第一次产业革命的主导技术是蒸汽机技术，进而在各行业形成的产品有珍妮纺纱机、瓦特蒸汽机、蒸汽机车、蒸汽轮船及蒸汽火车等，由蒸汽机技术引发的第一次产业革命将人类从手工劳动时代带进了机械化时代。19世纪末到20世纪上半叶，导致第二次产业革命的主导技术是电机和化工技术，进而形成的产品有内燃机、电动机、发电机、电报、电话、飞机、人造卫星、原子能发电站等，由电机和化工技术引发的第二次产业革命将人类带进了电气化、原子能和航空航天时代。20世纪下半叶，导致第三次产业革命的主导技术是信息技术和生物技术，进而形成的产品有微处理器、万维网、数字技术产品等，由信息技术和生物技术引发的第三次产业革命将人类从工业化时代带进了自动化和智能化时代。历次产业革命表明,一项主导技术出现之后,一个或多个相关行业将会发生天翻地覆的变化,社会结构和生产关系也随之发生变化。

科技进步是产业发展的基础,任何一个领域的重大工程科技突破都可能引发新的产业变革。产业变革是以技术创新为基础,经历新事物从无到有、从小到大、逐步扩散到日常生产生活的过程,进而推动产业组织管理模式、产品制造生产模式、商业运行模式等变革性发展,甚至催生新兴产业。引发产业变革的技术具备以下特征:一是技术突破性,即科学原理的创新应用,或跨学科、跨领域技术的集成创新等取得重大突破,或工艺技术取得突破,能够对产品性能或形态产生重大影响;二是产品替代性,即在技术取得重大突破后,以该项技术为核心的产品具有颠覆性创新,有望引发产品与服务的更新换代,或者创造全新的产品形态;三是市场广泛性,即对新产品或服务需求广泛,可强劲挤占原有的产品市场,市场和产业的容量大,或者引发和培育出新市场需求,形成规模庞大的新市场,对产业具有广泛的可嵌入性;四是产业变革性,即由于颠覆性产品的市场需求强劲或产生新的需求形态等,与其相关的产业在组织管理模式、产品制造生产模式、商业运行模式等方面必须进行相适应或创新性变革。当前,新技术更新换代的周期越来越短,信息技术、新能源技术、新材料技术等交叉融合正在引发新一轮科技革命和产业变革,这为我们发展相关产业提供了难得的机遇。

一项技术可能会催生一个产业,新兴产业的产生是技术创新引发新的市场需求的过程。新兴产业是指处于产业发展初期阶段的产业,新兴产业在经济发展过程中扮演着重要角色,世界主要国家都高度重视新兴产业的培育和发展工作,以抢占未来经济和科技竞争制高点。技术创新在新兴产业产生过程中的关键作用得到了广泛认可，从知识体制层面来看，新兴产业的产生具有两个路径：一是颠覆性技术创新，根据此路径形成的新兴产业以新创企业为主体；二是累积性技术创新，即从传统产业分化或者裂变产生的新兴产业，根据此路径形成的新兴产业以在位企业为主体。习近平总书记指出，一项工程科技创新，可以催生一个产业，甚至改变世界。比如，袁隆平院士团队发明的杂交水稻，不仅解决了中国 14 亿人口的吃饭问题，而且推广至印度、埃及等国家，促使这些国家的水稻产量大幅提高，为人类保障粮食安全和减少贫困做出了巨大贡献。但同时需要指出的是，新兴产业的产生过程是一个复杂性适应过程，除了技术因素以外，政府作用、市场机制等因素也发挥着至关重要的作用。这意味着，新兴产业的产生需要具备技术、政府、市场等多种条件，供给方的新兴技术、需求方的市场作用、服务方的政府扶持共同驱动了新兴产业的产生。

从理论演进来看，技术进步促进产业发展和经济增长经历一个从外生到内生的过程。新古典经济增长理论是经济增长理论发展历程中的重要理论，其最著名理论贡献是由索洛提出的。1957 年索洛提出了著名的新古典经济增长方程，即索洛模型。索洛模型为我们提供了资本积累促进经济增长的机制分析，从投资增长促进资本存量增长，再通过生产函数促进经济增长。索洛模型是通过生产函数分解的方式将资本、劳动要素贡献之外的剩余贡献归于技术进步的贡献，但是模型假设技术进步是外生的，使得模型无法解释如各国增长率、各国人均收入水平和实际人均 GDP 增长率存在差异等一些重要的增长事实。依据新古典经济增长理论技术外生的假定，这意味着技术是可以自由扩散的，则各个产业之间并不会存在科技差距，显然这与事实不符。与新古典经济增长理论将技术进步看成是外生给定的不同，内生经济增长理论认为技术进步是内生的，是经济保持长期增长的真正源泉。正如保罗·罗默指出的，技术进步的意义在于产生了规模报酬递增现象，只有这样，经济增长的动力来源才永远不会减弱。无论从之后的技术扩散理论还是技术差距理论来看，均将技术进步看成是产业发展内生的过程，技术在产业之间是可以相互扩散的，产业之间也存在一定的技术差距。

第二节 产业发展的科技需求理论

一 科技需求的概念内涵及影响因素

郭克莎和王文龙（2004）认为，科技需求是企业对技术自身的需要，科技需求不能直接从企业本身对技术的需求方面进行测度，而是需要通过构建指标体系从侧面去测度，并进一步认为，可以从人力、物力和财力资源投入和科技产出四个方面进行测度分析。刘玲（2013）将科技需求定义为企业和产业科技需求主体为了自身发展需要而产生的对科技人力、物力、财力、政策等资源的需求，且认为这种科技需求不一定完全是直接需求，也可以是间接需求。对于企业而言，是企业为了开发新产品、提高劳动生产率和市场竞争力等产生的科技需求；对于产业而言，是产业为了增加产业产值，推进产业结构优化升级，强化产业自主创新能力等产生的科技需求。

一般而言，产业发展程度越高，产业转型升级越快，对科技需求也越强烈。郭克莎和王文龙（2004）认为，中国高技术产业技术水平的提高与其科技需求不断得到满足相关联，高技术产业的科技需求可以通过高技术产业满足自身科技需求过程中的一些投入（如人力、财力、物力）和产出（如科技产出）侧面反映，如果某些方面反映出来的科技需求较弱,则说明整个行业的科技需求也相对较弱。他们通过建立高技术产业科技需求指标体系,发现中国高技术产业的科技需求高于制造业,但低于发达国家。沈晓平等(2012)认为,中关村高端创意产业的核心技术尽管在国内竞争优势明显,部分行业技术已经达到了世界领先,但是与美国、日本、欧盟等发达国家的国际顶尖技术水平相比还存在不小差距,尤其在前沿技术上差距明显。比如,软件业需要重点提升基础软件的核心技术研发能力、动漫行业需要重点提升核心制作技术、数字出版业需要重点提升版权管理技术(DRM)、数字影音业需要重点提升数字音视频编解码技术等。

此外,在产业科技需求的影响因素方面,一些文献也进行了探索。理论研究表明,产业规模与技术基础、适应和接收能力、产业生命周期地位等是影响产业技术需求的重要指标。基于该理论,熊俊莉(2009)研究发现我国台湾产业形成了重应用轻基础的技术需求型态,使得我国台湾创新出现了效率危机:研发投入经济效率低、论文和专利影响力有限、产业设备自制率不高。一些研究还发现传统产业对高新技术的需求,需要综合考虑市场环境、资金、技术环境、劳动环境、企业管理因素、资源环境等因素影响(李时等,1994)。

总体来看,尽管现有文献从产业发展科技需求视角对产业与科技之间的关系进行了有益探索,也得出了很多有价值的结论,但是总体而言,现有研究还没有形成系统化的从经济社会发展角度来预测未来技术需求的相关理论和方法,一些探索性的研究也没有形成较为完整的理论分析框架,没有给出产业发展对工程科技需求的具体传导路径。

二 需求拉动创新理论基础

用户创新。发现顾客需求、生产制造出满足顾客需求的产品是企业价值创造活动的出发点和落脚点，是企业发展和战略制定的重要依据。为此，企业花费大量人力和物力来收集并满足用户需求，但是结果往往不尽如人意，因为需求信息和解决方案是由不同主体决定的。随着用户数量的逐渐增加和用户的个性化需求日益复杂多变，企业按照原先的方法获取用户需求信息再进行创新设计和生产制造，即制造商创新的生产模式，越来越不能适应时代的发展和市场的变化。因此，20世纪90年代，美国教授Von Hippel率先提出了"用户是创新者"这一观点。国内与需求驱动创新相关最早的概念来自吴贵生提出的用户创新概念，认为用户创新的经济动因，来源于信息传递的不充分与不及时，用户对于需求的感受领先于制造商，因此为符合自身使用时间线和满足程度，会选择自己创新。

消费者行为和消费者素质。在需求影响创新机制研究过程中，基于消费者行为和素质分析需求如何影响产业发展与创新的方式开启了一个富有成效的分析。Christensen（1997）提出行业内小企业想要短期内赶超行业霸主，就要走不寻常之路，深度挖掘对小市场和新兴市场有很大吸引力的技术，这些技术可以称为"破坏性技术"。落后企业如果能把这些技术商业化，形成对现有市场的颠覆，这即为"破坏性创新"。谭洪波等（2012）研究了消费者各种特征如何影响其对新产品和新技术的需求，进而影响采用新技术的企业和在位主导企业的生存和发展，以及由此产生的战略性新兴产业的兴起和发展过程，并讨论了由此引起的产业结构的变迁。包括消费者偏好、市场差异、市场缝隙、需求规模和增长以及需求多样性对技术创新的影响。

三 需求拉动产业发展与技术进步

产业发展要服务经济社会发展需求与愿景，涉及经济增长质量和数量、人民生活品质和健康、社会资源环境等各个方面，这些综合性的目标构成了产业发展的需求。无论是产业结构的合理化还是高级化，都要以技术进步作为核心的驱动力。因此，产业发展目标的实现对工程技术形成了需求，为工程技术发展提供了方向，也确定了技术发展的轨迹路线。

根据熊彼特的理论，创新包括开发新产品或改良原有产品，使用新的生产方法，发现新的市场，发现新的原料或半成品，创建新的产业组织。因此，创新可以分为供给推动型和需求拉动型两种类型。来自市场需求的"拉力"和来自科技的"推力"被认为是引起技术创新的两个主要因素。"供给推动"假说将市场看作研究开发成果的被动接受者，认为技术创新活动是由来自影响供给方面的诸如科学知识的发现、技术被发现的概率、研发人员和研发机构的效率、大规模推广创新技术的成本等因素决定的（Rosenberg，1974；Dosi，1988）。"需求拉动"假说认为创新活动受市场需求的引导和制约。与其他经济活动一样，是追求利润的经济活动。在驱动创新活动方面，需求比知识进步更重要（Schmookler，1966），是销售规模和可营利性的变化刺激了研发投入（Judd，1985）。

在全球化背景下需求空间变得更加庞大，需求因素对技术创新的拉动作用变得愈发重要，"需求拉动"的创新理论逐渐被普遍认可。Utterback（1999）实证研究表明，60%—80%的重要创新是受需求拉动而产生与扩张的。Porter（1990）认为国内需求规模大，能帮助厂商建立竞争优势，但比市场规模更重要的是国内购买者的性质，老练、苛求的购买者迫使并刺激厂商不断改进、创新产品。

Zwemuller 和 Brunner（2005）认为，对于一个高速增长的市场需求空间来说，可以无须借助于外部市场的需求，而通过本土市场需求容量所内涵的对创新动力引致功能的发挥，内在培育出其本土企业的高级要素发展的能力，这被称为"需求所引致的创新"。孙军（2008）指出在经济全球化的今天，竞争的主要对象是市场，有了市场就有了利润。

由需求拉动创新的形成产业，相对于传统而言大部分在当时都是刚刚兴起的新兴产业。从市场成熟的程度来看，这些产业处于刚刚起步阶段，市场容量非常小，市场存在较高的不确定性。在这些新兴产业发展过程中，需求起到了决定性的作用。这些产业后来迅速占领广大的市场，形成了一批前后关联性强、附加值高的产业，并且这些产业对一个国家的国民经济运行产生了重要的影响力，对经济结构高级化和综合国力提升具有巨大的促进作用。

进一步，学者基于市场需求的异质性，研究了本土化需求与创新之间的关系。本土需求是融合当地地理特征、文化脉络、话语系统和顾客消费习惯等一系列因素的知识体系。Whang 和 Hobday（2011）在探索性分析韩国手机产业的基础上，认为技术追赶并转变成为领导者一个潜在的显著方面在于后发国家市场的快速动态变化、消费者偏好的多样性。中国学者也基于市场需求呈现多样化、层次跨度大的特征，进一步延展了本土化需求与创新关系的研究。例如，后发企业所产生的一些创新产品如太阳能热水器、电动自行车、公交车移动电视等主要基于本土需求设计，满足利基市场的新需求。张米尔和田丹（2005）通过对方正、华为和朗科核心技术能力形成案例的研究，都指出专注于核心利基市场是中国企业形成核心技术能力的有效途径。

表 2—1　　　　　需求拉动产业发展和技术创新的典型案例

韩国手机产业：韩国手机产业转变行业领导者主要是受本土用户、当地的服务提供者（移动电信运营商）、有促进作用的政府政策、手机生产商和运营商之间的强大的联系。传统理论认为后发国家或地区的当地需求太小并且过于单纯，因此不能刺激产生追赶作用的创新。但是在这个案例中，当地需求演化并作为新产品、服务和技术的重要的试验台，促进和调整着本土手机生产商和运营商的技术进步速度和发展方向。韩国本土需求的重要性主要不是由于手机市场规模庞大，更重要的是韩国手机市场的快速的动态变化，这些变化缘于消费者偏好的多样性以及试验性用户的作用。韩国的手机制造商首先在本土市场上销售，经过国内市场的实验之后，本土市场加强了韩国企业的竞争力，然后出口其手机到国外市场，并在国际市场上获得了竞争力。

互联网技术的发展：互联网早期发展是在美国国防部的资助下取得的，因为美国国防部对互联网有特殊的需求。随着技术的发展，一群新的试验性用户加入到这个市场，他们使用阿帕网链接研究型实验室。后来互联网进一步发展成为能够连接大批市场用户的技术（McKnight 和 Bailey，1998）。

资料来源：程鹏、李洋：《本土需求能倒逼企业创新能力的可持续成长吗？》，《科学学研究》2017 年第 6 期。

四　需求拉动的产业生命周期演化

产业发展过程与人类需求层次具有强相关性。从历史的角度看，产业发展演进的过程就是从满足较低层次需求产业发展到满足较高需求层次产业的过程。从特定产业发展过程来看，一个产业在进化过程中可以顺序或同时满足人类从较低到更高层次的需求（见图 2—1）。

霍国庆等（2015）结合全球主导产业演化历程和需求相关理论，归纳总结出人类产业演化的规律（见图 2—2）：产业发展的出发点和归宿都是满足人类的需求；不同产业出现和发展的次序与人类需求层次的顺序具有较强的一致性；产业的进化取决于人类智慧的融入，能够满足人们较高层次需求的产业通常融入了人类更多的智慧，该类产业因科技含量高、智能化水平高、经济附加值高等特点而具有更强的成长性，例如智能手机产业，由于不断整合和融入了人类的智慧，智能手机始终处于快速的进化过程中。

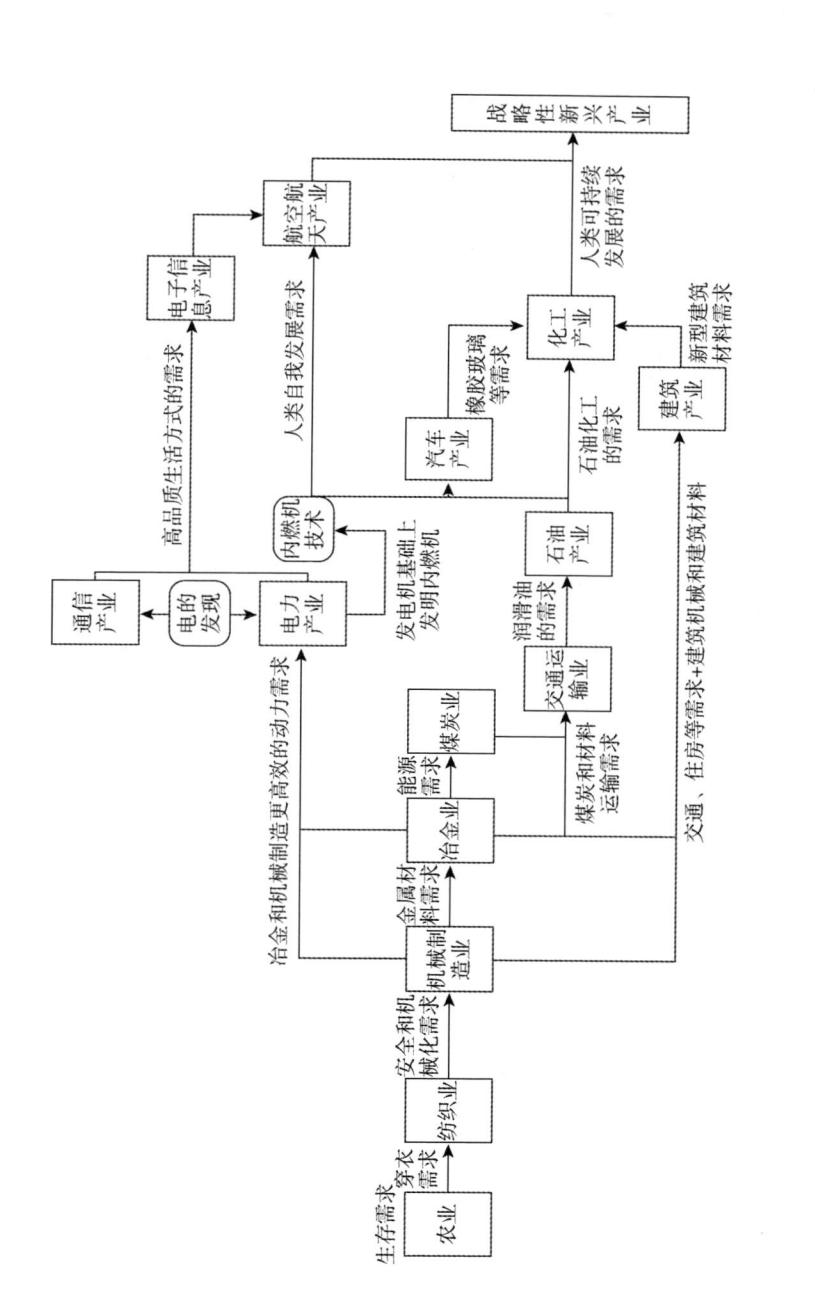

第二章 产业发展对工程科技需求的机理研究　23

图2-1　全球产业出现先后顺序

资料来源：课题组绘制。

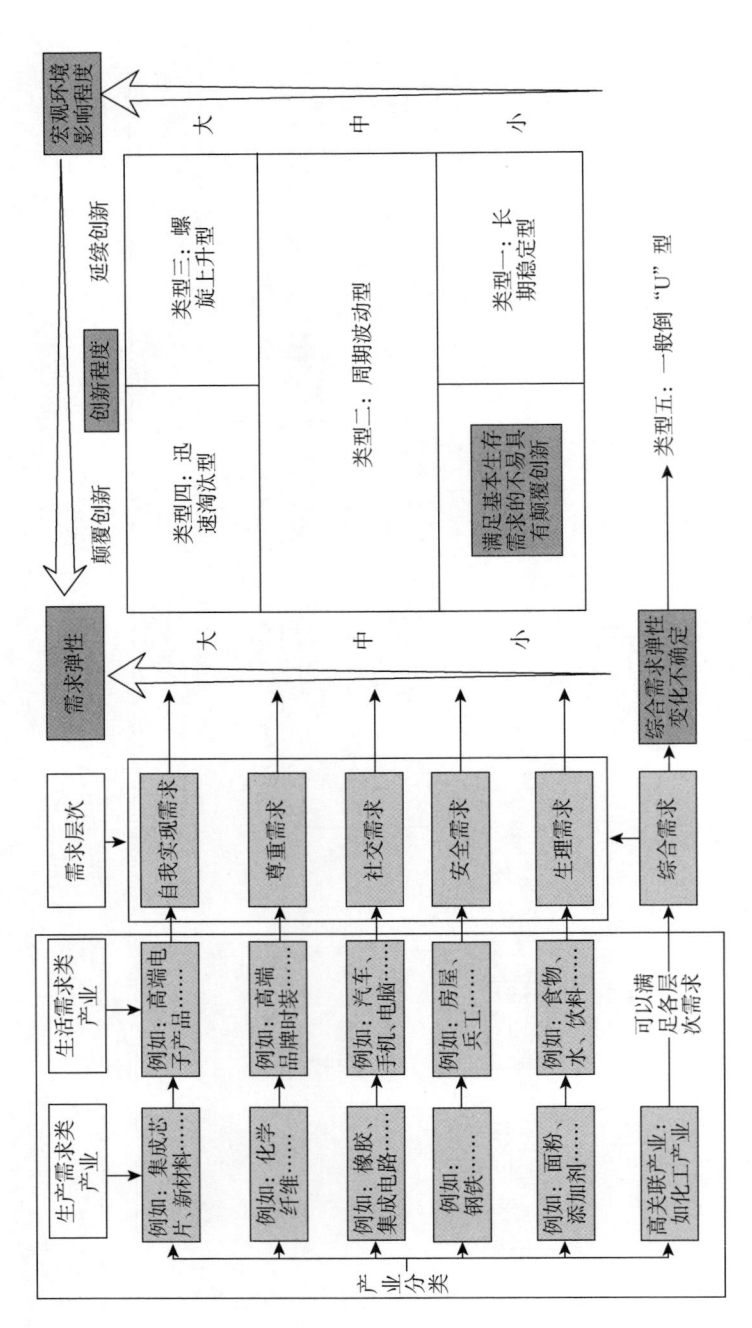

图 2-2 全球主导产业演进历程和基于需求的产业划分

资料来源：霍国庆、王少永、李捷：《基于需求导向的产业生命周期及其演化机理研究——以美国典型产业为案例》，《中国软科学》2015 年第 3 期。

第三节 基于产业技术路线图的科技需求分析

技术路线图是用于识别某一领域技术发展路径，作为技术管理的主流工具，是技术预见中应用广泛、效果显著的科学管理工具，对产业发展具有重要作用。技术路线图也是一种由需求驱动的技术规划过程，它反映了一群人对某个领域前景的看法与共同观点，通过一系列产品明确需求，帮助识别和开发相关技术，最早始于20世纪70年代在电子信息产业领域的应用。由于技术路线图是一种使用工具，因此在实践中产生了不同流派。以美国为代表的流派关注技术路线图绘制的结果，把技术路线图作为一种技术预见工具；而以英国和欧洲为代表的流派，更关心技术路线图绘制的过程，将其作为一种技术预见和组织学习的过程。在实际应用中，技术路线图可以应用于微观、中观、宏观等不同层面，因此产生了国家技术路线图（区域技术路线图）、产业技术路线图、企业（产品）技术路线图三种类型。

产业技术路线图顾名思义是指在产业层面制定的技术路线图。产业技术路线图可以应用到特定产业领域，解决不同领域的发展技术发展问题。20世纪末至今，世界典型国家陆续开展产业技术路线图制定，较为典型的产业技术路线图如国际半导体产业技术发展路线图（美国半导体工业协会）、美国电力产业技术路线图（美国电力研究院EPRI）、美国光电产业技术路线图（美国光电研究中心），加拿大生物制药产业、燃料电池产业、海洋运输和海洋产业技术路线图（加拿大工业部）。国内有中国氢能技术路线图（科技部）、中国半导体照明产业技术路线图（科技部）、广东省产业技术路线图（绿色无铅产业、铝产业、食品安全检测与评价产业、工业产品环境适应性产业、陶瓷产业等，广东省科技厅）和湖北省产业技术路线图（汽车零部件、光伏产业、生物医药产业、氟化工、加工装备制造业、光通信产业等，湖北省科技厅）。

曾路等（2007）认为产业技术路线图反映了对某一领域前景的看法以及实现这个前景所用的手段方法。李彦峰等（2010）指出产业技术路线图是以产业知识和洞见为基础的、关于产业前景的共识。李瑞光等（2012）认为产业技术路线图是利益相关者对某一特定产业未来发展的总体看法，体现出技术链对产业链的推动作用以及产业链对技术链的拉动作用，也反映了产业从低层次形态到高层次形态的演变过程。王倩等（2018）指出产业技术路线图具有如下特点：以"市场拉动"为动因，在考虑充分未来市场需求的前提下，分析市场与技术、环境等因素之间的互动；绘制过程中需要对相关影响因素进行综合分析，但规划结果却是高度概括性的，简明扼要地指出未来技术发展路径和发展措施，具有极强的前瞻性；整合与技术未来发展相关的不同领域的利益相关者，使其明确在技术路线实现过程中应承担的任务，再通过修正使技术路线图趋于成型。

综上，本书认为产业技术路线图在主体上涉及多个利益相关者，汇集了一群人对于未来前景的看法。在要素上，能够整合产业发展目标、资源与技术、市场等，涉及产业链与技术链。在时间上，反映出产业发展演变的过程，涉及产业生命周期的发展（见图2—3）。制定产业技术路线图的目标是，一方面，面向未来愿景和预期，提出产业发展的理想形态；另一方面，面向现实中制约的核心薄弱技术环节，具有问题导向的特征。因此，可以利用产业技术路线图，明确产业发展路径、对于特定产品的需求和潜在市场的培育。

基于产业路线图分析产业发展对工程科技需求具有如下优势：能够基于经济社会发展的重大现实需求，认清所处的经济、社会、环境的变化，进而准确识别市场驱动因素。将关键性核心技术的研发，立足于未来市场，使得技术研发的市场定位、应用前景更

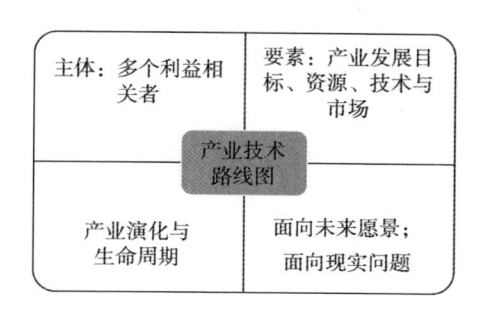

图 2—3　产业技术路线图内涵

资料来源：课题组绘制。

为清晰。因此，本书借鉴产业技术路线图的研究思路与思维方式，形成分析未来重点产业的发展方向、工程技术需求以及实现路径和策略，是对技术路线图指向性的应用，而非具体分析特点领域的工程技术目录。

结合已有文献，产业技术路线图制定包括三个阶段：准备工作阶段、核心开发阶段、后续管理阶段。核心开发阶段以"市场需求—发展目标—技术壁垒—研发需求"为产业技术发展路径，最终绘制产业技术路线图（见图 2—4）。

借鉴该思路，产业工程技术路线图研究流程可遵循的研究路径为"市场需求—产业目标—工程技术—研发需求"（见图 2—5），具体如下。

一是分析重点行业市场需求。需求导向是指把握需求带来的机会，这包括需求宽度（国家战略需求、国际市场需求、国内市场需求和行业内部需求）和需求深度（首次需求、需求升级和创造需求）的不同组合及其动态变化。要从整体宏观战略与社会发展愿景出发，将相关领域的国家战略发展规划，与面向专家学者、企业家等社会公众的调研相结合，分析当前中国产业创新体系的发展现状和存在的现实问题。此基础上，选择在产业创新体系中，具有引领

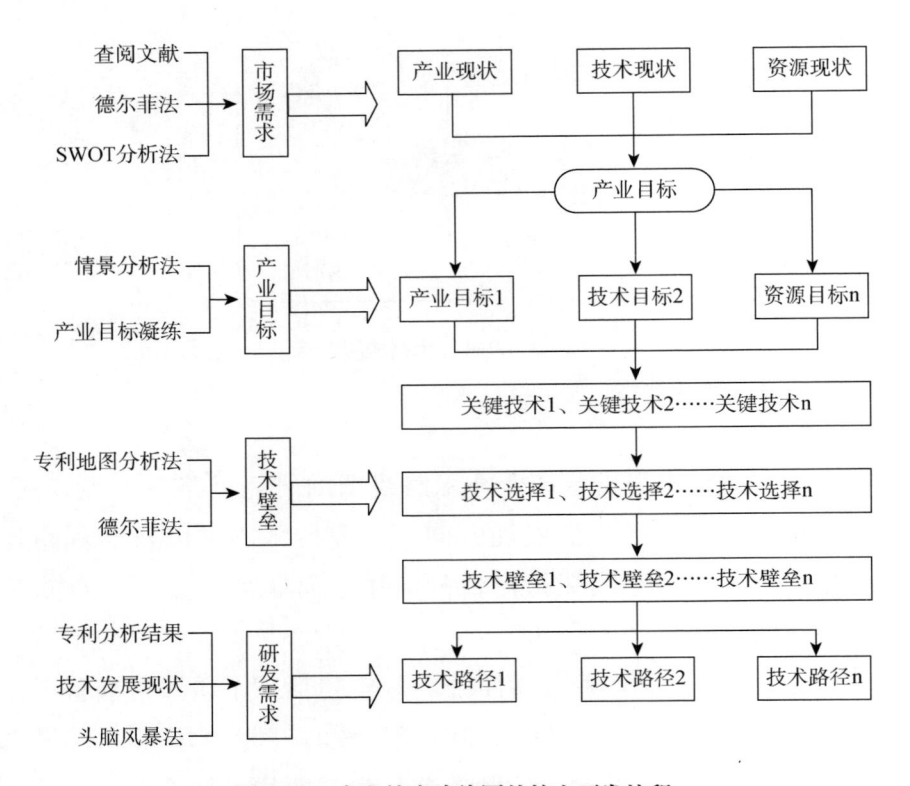

图 2—4　产业技术路线图的核心开发流程

资料来源：王倩、李天柱：《大数据产业共性技术路线图研究》，《中国科技论坛》2018 年第 4 期。

带动性和全局重要性的重点产业领域，比如信息、医药等重点行业。运用德尔菲法、SWOT 分析法对重点行业的市场需求进行分析。对于上述产业发展现状，采用德尔菲法获取数据，围绕产业的背景、资源现状、过程技术及关联度等进行调研。剖析影响产业发展的各类因素和环境，明确推动产业发展的因素和动力。在此基础上，编制 SWOT 矩阵，明确产业发展的有利因素、不利因素以及发展机遇和产业发展中的不足和劣势，分析未来一段时期内产业的市场变化和发展趋势。

```
市场需求  →  产业目标  →  工程技术  →  研发需求
```

市场需求	产业目标	工程技术	研发需求
•重点行业选择 •内部与外部因素和环境 •德尔菲法 •SWOT 分析法	•面向现实问题与发展约束 •面向未来预期愿景 •目标要素 •近期、中期与长期 •情景分析法	•提出工程技术清单 •关键应用技术 •重要通用技术 •潜在颠覆性技术 •专利地图法	•技术差距 •主要制约

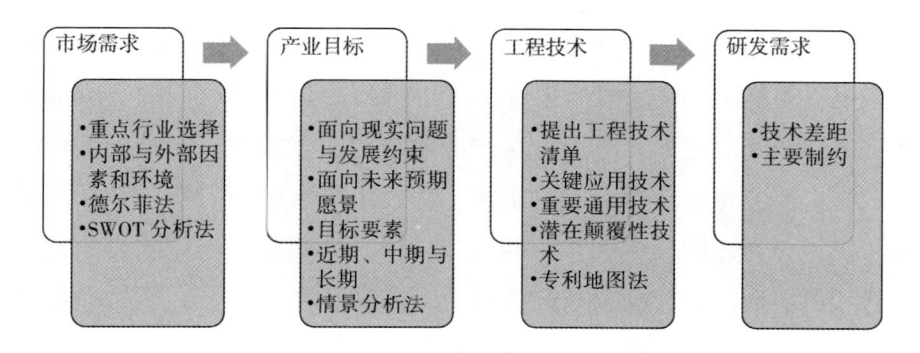

图 2—5　基于产业技术路线图的工程技术需求流程

资料来源：课题组绘制。

二是确定产业发展目标。判定产业未来发展方向，确定产业工程技术发展目标。在对重点行业市场需求分析的基础上，面向现实问题与发展约束以及未来预期愿景，采用情景分析法凝聚产业发展目标。围绕产业工程技术目标进行调研，将调研的目标要素，由专家评判排序，作为情景分析中的信息依据。在情景分析中，通过对产业工程技术目标要素的讨论分析，凝练出在近期、中期和长期需要解决的产业目标。

三是识别工程技术。根据产业技术发展目标，识别出产业发展中所需的工程技术。以目标技术领域专利文献为研究对象，运用 K－means 聚类、语义分析等方法制作专利地图，提取工程技术清单。提出未来产业升级对关键应用技术、重要通用技术和潜在颠覆性技术的需求方向。其中，关键应用技术考虑的是技术本身重要性和技术应用重要性，通用技术主要综合考虑技术通用性和应用重要性，而颠覆性技术侧重对技术非连续性和未来重要性的考察。

四是明确研发需求。通过专家头脑风暴法对工程技术发展路径进行讨论，明确突破产业工程技术的研发需求。识别产业工程技术领域中现实与目标间的差距，挖掘行业发展的主要制约技术，以及对比国际上先进的技术。

因此,对产业工程技术的需求分析,在逻辑上分为横向和纵向两个维度(见图2—6)。横向来看,水平时间轴由不同产业的实际演进速度进行刻画。比如,电子信息产业的演进速度较快,而航天领域的技术演进速度相对较慢。这决定了工程技术需求分析对应的期间。通常情况,分为短期、中期和长期三个阶段,分别分析相应的产业发展趋势和可能形态,并确定对应技术。纵向来看,则沿着上述的"市场需求—产业目标—工程技术—研发基础"的产业技术路径。

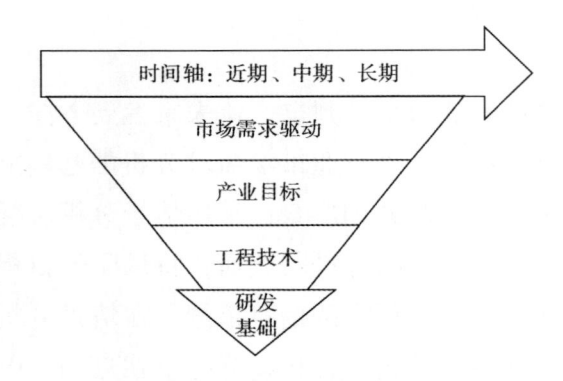

图2—6 产业工程技术的需求分析逻辑路径

资料来源:课题组绘制。

基于产业技术路线图的思路和方法,形成产业工程技术的需求分析。该分析具有以下突出特点:(1)以"市场需求"驱动。这在产业工程技术分析中处于顶层位置,包括市场需求和市场竞争等方面的分析。(2)要在考虑充分未来市场需求的前提下,分析市场与技术、环境等因素之间的互动关系。(3)具有较强的前瞻性,分析立足于长期到短期,既是对产业发展路径的高度概括,也是指出关键技术的发展路径和措施。(4)是一个动态过程,涉及多个利益相关主体的互动,涉及研发能力、研发成果、产品布局、产品代次等多种要素。

第四节 科技驱动产业发展的传导路径分析

就技术自身成长规律而言，技术的成长过程本质上是一个新技术发明应用的探究过程，一项技术的成长要历经"婴儿期→成长期→成熟期→衰退期"四个生命周期，需要跨越从技术到市场、从市场到产业化的两次"死亡之谷"。在婴儿期，该项新技术属于不入流的技术，但可能呈现简单、低价、操作简便等优点，在该阶段受市场、文化等因素影响，该项新技术发展一般较为缓慢且应用范围较为狭窄，消费者也往往会忽视该技术的存在，也可以说是消费者也许根本接触不到该项新技术。在成长期，该项新技术的创新方向逐渐明朗，以该项新技术为基础的新产品也已经初步成型，但受消费者认识不足、辅助技术匮乏等因素影响，该项新技术容易遭到从技术到市场的第一次"死亡之谷"，只有那些改进了自身技术能够满足消费者习惯和市场需求的新技术才能成功跨越"死亡之谷"，从而顺利进入下一个发展阶段。在成熟期，该项技术得到快速发展，其主流性与原技术相差无几，但原技术产品仍是市场领导者，受在位企业竞争、自身技术缺陷、市场不适应等因素影响，该项技术此时容易遭到从市场到产业化的第二次"死亡之谷"，也只有那些及时调整和完善技术产品体制、构建新产品文化、改变用户消费习惯的新技术才能成功跨越此次"死亡之谷"，从而取代原技术完全占领主流市场，甚至改变人们的生产生活习惯，形成一系列技术社会文化。在衰退期，该项新技术成为市场上的主流技术产品，但技术创新遭遇瓶颈，市场需求也面临萎缩，甚至与社会发展不太适应，从而导致技术更迭。

结合新技术成长周期规律，由技术驱动产业发展的传导路径可以归纳为：技术选择→市场选择→市场建立→市场扩大→范式形成（见图2—7）。也就是说，新技术在依次经过技术的选择、市场的选择、市场的建立、市场的扩大和范式的形成五个阶段之后，最终才会形成新兴产业进而驱动产业发展，从而在微观路径上遵循并完成"技术→产品→企业→产业"的发展路径，在生命周期上历经"婴儿期→成长期→成熟期→衰退期"的演化路径（朱承亮，2020）。

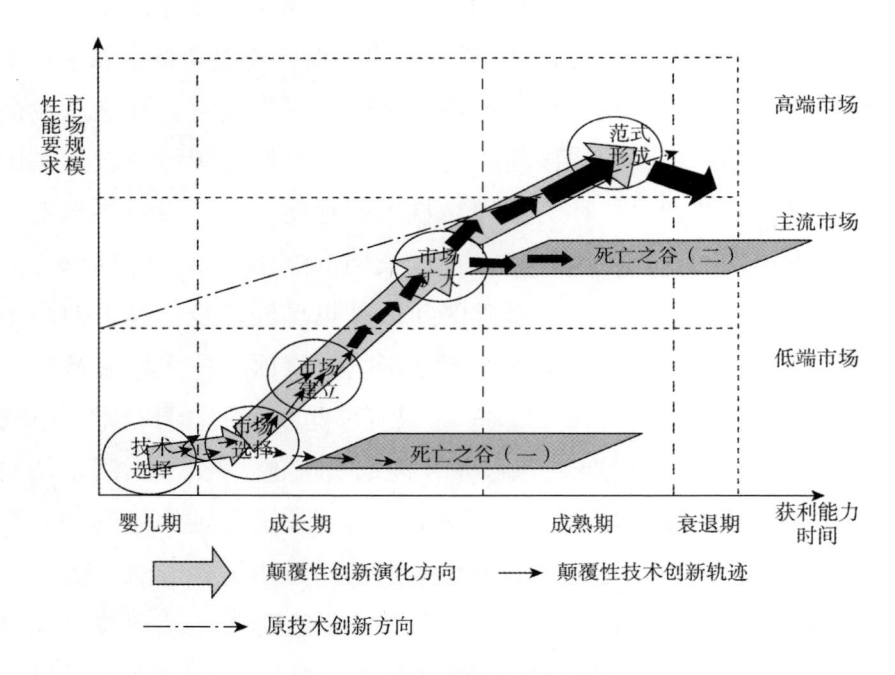

图 2—7 新技术成长生命周期

资料来源：许泽浩、张光宇：《新技术成长如何跨越"死亡之谷"——基于 SNM 视角的颠覆性技术保护空间构建》，《中国高校科技》2017 年第 6 期。

具体而言，基于"技术—产品—企业—产业"供给侧视角，技术驱动产业发展的传导路径（见图2—8）如下：

首先是技术选择。在技术簇中要选择一项技术，这项技术要具备简单便捷、成本低等特性，且预期该项技术能够在未来的发展中具备快速创新和改进的特性。正如前文分析的那样，只有这样的技术才能够导致产业变革，催生新兴产业和促进产业发展。这样的技术往往是由在位领导企业研发出来的，一开始该项技术的性能不被主流市场重视，从而往往是一些新兴企业迫于竞争压力而选择接受了该新技术，面对的也是那些低端市场或者很小的新的利基市场。此阶段在技术生命周期上对应的是技术的婴儿期，在微观上主要以技术形态呈现。

其次是市场选择。选择好技术之后，为了避免与主流技术的正面竞争，需要寻找主流技术不能满足或者过度满足的市场区域进行布局，而这往往是主流技术忽略的边缘市场或者低端市场。实际上，刚开始时新技术不会得到主流市场的接受，那些能够为新技术产品买单的消费者也大多存在于边缘市场或者新的利基市场。新技术正是在不断探索和试错过程中，才逐渐找到能够立足的市场空间。此阶段在技术生命周期上对应的是技术的成长期，在微观上主要以产品和企业的形态呈现。

再次是市场建立。选择好市场之后，新技术需要不断完善自身技术和产品性能，在当前市场需求的主流性能基础上，以较低的成本和较快的速度接近或者超越主流技术，并逐步使新技术的原有创新特性成为未来市场的主流需求。此阶段，基于新技术基础上成立的新兴企业会面临很多困难，由于在边缘市场上获得的利润空间较低，必须集中资源和能力学习和解决新技术在技术和组织上的障碍，形成与其运行环境相匹配的能力和组织结构。此阶段在技术生命周期上对应的也是技术的成长期，在微观上也主要以产品和企业的形态呈现。

复次是市场扩大。新技术建立稳定的低端市场或者利基市场之后，由于新技术产品的主流性能接近或者达到了主流市场所要求的性能，甚至成为了市场同类产品的主流性能，此时新技术逐渐走向主流市场，通过技术扩散与主流技术产品展开正面竞争，从而实现扩大市场的目的，最终实现慢慢占领原主流技术的市场目标。此阶段在技术生命周期上对应的是技术的成熟期，在微观上仍主要以产品和企业的形态呈现。

最后是范式形成。在此阶段，随着新技术的不断成长和快速适应新环境，新技术将会逐步取代原有主流技术，成为市场的领导者，从而实现了新技术产品的产业化，即一项技术催生了一个产业，并且驱动了产业发展。随着新技术的产业化，社会技术体制也在经历了一系列的变革和颠覆之后，最终形成新的社会技术体制，从而推动新技术社会愿景的发展。此阶段在技术生命周期上对应的是技术的成熟期，在微观上主要以新产业形态呈现。

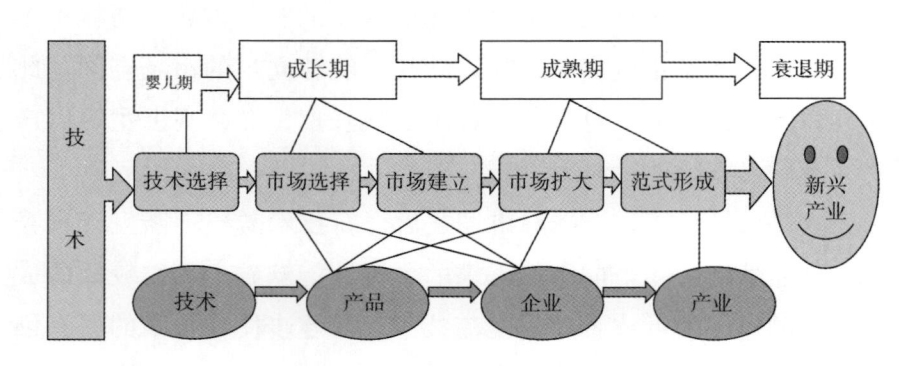

图 2—8　技术驱动产业发展的传导路径

资料来源：课题组绘制。

需要强调的是，在新技术发展及新兴产业崛起过程中应该高度重视政府的作用。理论研究和实践均表明，政府政策和创新特征的匹配能够加速新技术的发展和新兴产业的崛起（单娟和董国位，2018），政府应该出台相关政策积极培育和引导新技术的产生和发展。

第五节　产业发展对科技需求的传导路径分析

工程科技作为与经济社会联系最紧密、作用最直接、效果最显著的科学技术，是形成现实生产力的关键要素。习近平总书记在2014年国际工程科技大会上指出，未来几十年，新一轮科技革命和产业变革将同人类社会发展形成历史性交汇，工程科技进步和创新将成为推动人类社会发展的重要引擎。

与技术驱动产业发展的供给侧研究工具不同，产业发展对技术需求的需求侧研究需要用到需求分析工具。需求分析工具是战略研究的先行者，将经济社会发展的愿景和需求投射到工程科技的各个领域，为中国工程科技的系统谋划和前瞻部署提供支撑。一般而言，需求分析研究需要经历三个步骤：第一步是通过资料收集、专家访谈、问卷调查等方法，归纳出未来一段时间内经济社会发展愿景；第二步是通过专家访谈、专家研讨等方法，确定未来一段时间内经济社会发展需求清单；第三步是将需求清单投射到工程科技各领域，通过专家访谈、专家研讨等方法，提出未来经济社会发展对工程科技的需求。

近年来，日本、英国和德国等发达国家在制定本国的工程科技发展战略时，越来越重视经济社会发展的需求分析，将基于未来愿景的经济社会发展需求作为制定本国工程科技发展战略的重要参考。比如，日本在开展第6次至第11次技术预见中均引入了需求分析；英国在技术预见中强调经济社会发展的需求，认为技术进步主要用来解决未来经济社会发展需求目标；德国技术预见也以经济社会发展需求为主导，认为国家未来技术发展主要是为了实现国民期望。中国在科技发展战略研究中引入需求分析工具的研究起步较晚，中国科学院科技战略咨询研究院在进行中国未来20年技术预见研究、中国科学技术发展战略研究院在编制国家科技发展"十二五"规划、中国工程院在研究2035年和2040年中国工程科技发展战略时均探索性地引入了需求分析工具。

党的十九大报告指出,中国经济社会发展进入了新时代,建设现代化经济体系是新时代下中国跨越关口的迫切要求和中国高质量发展的战略目标。新时代下构建现代化经济体系要以高质量的产业创新体系为基础,而产业创新依赖于工程科技进步。可见,中国工程科技发展不仅要与经济社会需求紧密相连,还要面向未来产业发展需求。产业发展的工程科技需求分析要基于未来产业发展的目标定位和发展约束,进而确定企业发展的基本形态和布局特征,最终提出工程科技发展的重点领域和关键技术需求(见图2—9)。可见,产业发展对工程科技需求分析要从产业发展出发,落脚到技术需求。

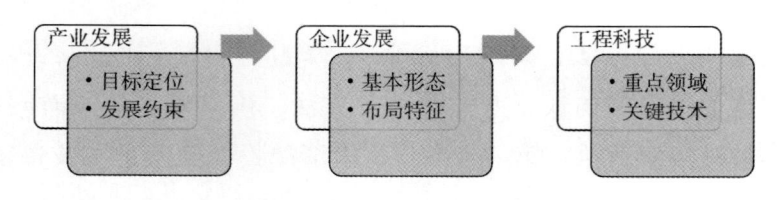

图2—9 产业发展对工程科技需求的分析框架

资料来源:课题组绘制。

产业发展对工程科技的需求分析是以可能的未来愿景为起点,追溯到现有资源、技术的约束下,如何通过现有条件形成已设定好的未来愿景为前提,从公众需求的角度来考察不同发展阶段公众对于相关产品的需求,从而推导出生产相关产品所需要的对应技术,进而进行技术需求分析。可见,不同于供给侧"技术→产品→企业→产业"的分析路径,这种"产业→企业→产品→技术"的需求侧分析路径着眼于产业发展的问题导向和需求导向。也即确定产业科技需求是从市场的未来需求出发，通过对某重点产业发展现状、问题、机遇、挑战以及技术发展趋势的分析和论证，确定该重点产业未来若干年后发展所要研发的重点产品，从而最终找出未来所要发展的关键技术。通过这种需求侧的分析论证，不仅可以明确产学研各创新主体在产业创新链中的分工和合作，更重要的是可以有效避免将有限的资源重复投资或投入到其他不重要的技术的局面（孟海华等，2008）。

具体而言，基于"产业—企业—产品—技术"需求侧视角，产业发展对工程科技需求的传导路径如下（见图2—9）。

首先是描绘产业未来发展场景。这是进行产业发展科技需求的第一步，要通过资料的收集、分析、整理，科学预测未来一段时间内经济社会和产业发展愿景，还要通过专家访谈、问卷调查等方式，面向社会各界尤其是产业专家征集未来产业发展愿景。具体而言，要确定未来一段时间内产业发展目标，可以在分析该产业国内发展现状基础上，采用对标分析法，通过与发达国家产业发展差距的对标分析来初步提出该产业未来发展指标。在指标预测和愿景征集基础上，可以提炼出产业未来发展的2—3个情景，详细分析每个情景下的产业地位、产业技术现状、产业关联度等产业发展现状，以及产业技术条件及其未来发展趋势。

其次是选择产业内龙头企业及其产品。在明确产业未来发展目标基础上，需要进一步通过选择产业内的龙头企业来落实产业目标的实现，并且要明确所选龙头企业的主导产品，分析产品的市场需求现状，并预测其未来发展趋势。

再次是确定未来产品的关键特性。可以根据顾客人口、需求、性格等统计资料并结合吸引顾客的产品特点或者优点的统计规律将未来顾客分成不同的群体，通过综合分析这些群体对产品需求的共性因素，从而提炼出未来产品的关键特性。

最后是提出支撑产品关键特性的技术。通过分析已经确定的未来产品的关键特性，可以分析出实现市场关键特性的技术点，明确技术领域，从而最终提出和产品关键特性相关联的几项技术或者技术的要素。

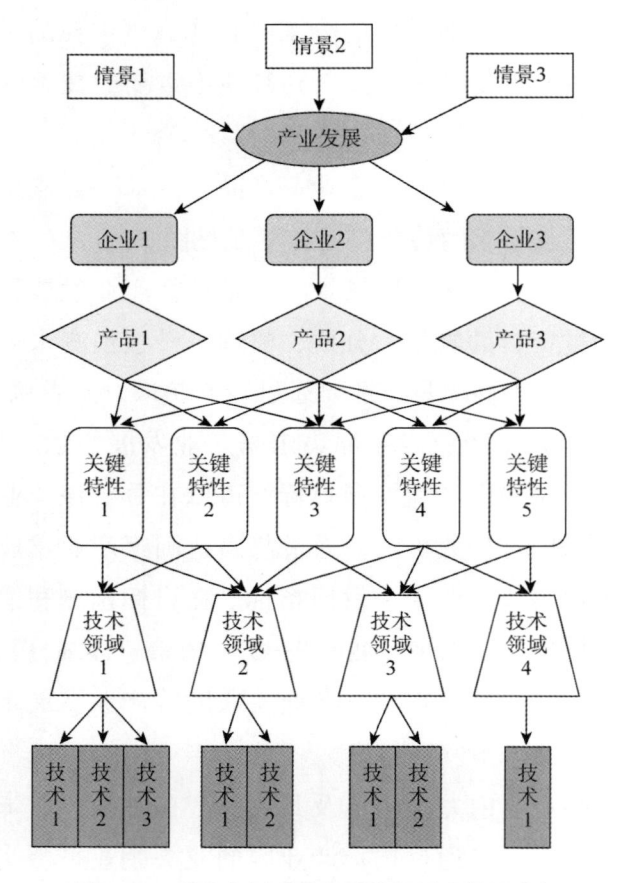

图 2—9　产业发展对工程科技的需求传导路径

资料来源：课题组绘制。

第 三 章

产业发展对工程科技需求分析方法研究与各国实践应用

第一节　技术预见发展与方法演进

技术预见是一种通用的技术研究方法，始于20世纪40年代美国的跨国公司或者特定产业技术计划制订，并随着全球科技的发展，预测未来技术发展趋势与重点领域发展，技术预见逐渐活跃。根据国际上通行定义，技术预见是指"对科学、技术、经济、环境和社会的远期未来进行有步骤的探索过程，目的在于选定可能产生最大经济与社会效益的战略研究领域和通用新技术"（Martin，B.R，1995）。该定义厘清了技术预测与技术预见的区别，认为技术预测侧重于发现技术本身演进速度和方向的技术预测，技术预见突出强调技术的战略意义、关键性和通用性，以及其对经济社会产生的效益。根据创新主体、创新链环节和预见时间维度不同，可以分为产品技术预见、产业技术预见、战略技术预见等。

技术预见活动经历了从技术预测到技术预见的发展历程，逐渐向经济、社会各个领域渗透，涉及主体从企业、政府到科研机构等不断扩散。具体来说技术预见可以分为5个发展阶段（Georghiou，

1996）：第一阶段以关注技术预测本身为主；第二阶段侧重技术与市场关系，开始强调技术的经济性；第三阶段侧重国家创新体系，关注技术、市场与社会的综合关系；第四阶段则升级为国家创新生态系统，面向全球科技创新发展趋势；第五阶段则关注技术与实践结合，从战略角度分析决策中的多个要素。

技术预见方法根据技术预见目标、内涵和范围等发展不断演进，经历了从定性到定量再到综合研究方法的演进过程。一是早期技术预见以定性分析方法为主，比如情景分析法、德尔菲法等。二是后期开始逐渐引入定量研究方法，比如文献计量、专利分析等，以推动预见结果的客观性。定量研究法经历了从增长曲线法、到文献计量法、专利分析为主的定量方法。三是综合定性方法与定量方法结合成为国内外主流的技术预见方法。该方法综合专利分析、文献计量等探索性定量方法的优势，同时，引入基于数据改进德尔菲法、情景分析法、技术路线图等探索性与规范性结合的预见方法，克服了单一探索性定量方法的路径依赖问题。随着技术预见对象目标的细化，颠覆性技术识别、关键技术识别等研究开始受到关注（周源等，2017）。未来技术预见活动将更加复杂，技术目标不断提升，技术预见方法体系也面临着变革，强调技术适用性、强化定量分析以及方法创新性，将成为技术预见方法未来演进趋势（中国工程技术2035发展战略，2019）。

第二节　技术预见的主要方法

技术预见方法多样，国家层面的大规模技术预见方法整体上较为稳定，主要采用的技术预见方法为德尔菲法、情景分析法、技术路线图、文献计量和专利分析，并有逐渐向多种方法组合使用转变的趋势，组合方法的数量和种类也在不断丰富（沙振江等，2015；任海英等，2016；方伟等，2017）。本节分析各个技术预见的主要方法（见表3—1）的基本过程和工具，并评述各方法的优缺点和应用范围。

表3—1　　　　　　　　技术预见的主要方法

方法类型	具体方法
以专家经验为基础的技术预见方法	（1）德尔菲法 （2）专家访谈法 （3）专家会议法 （4）头脑风暴法
以数据分析为基础的技术预见方法	（1）文献计量分析 （2）专利分析
情景分析法	情景分析法
社会经济需求调查分析方法	创新需求矩阵法
组合型技术预见方法	（1）德尔菲法—专利技术地图 （2）德尔菲法—科学计量（文献计量）/专利分析 （3）德尔菲法—科学计量（文献计量）/专利分析—情景分析

资料来源：课题组绘制。

一　以专家经验为基础的技术预见方法

在以专家经验为基础的技术预见方法中，德尔菲法最为常用，专家访谈（咨询）和头脑风暴的应用也较为广泛。

（一）德尔菲法

德尔菲法也称为专家规定程序调查法，在技术预见方法中处于核心地位，通过专家咨询方式进行大规模调查，进而达成技术预见共识（Grupp & Linstone，1999）。具体来说，通过邀请行业内的权威专家组成专家小组，通过背对背通信进行无记名的调查搜集成员的意见。经过多轮搜集，将专家的技术预见意见进行汇总，在专家意见趋于统一时，对未来技术发展进行研判。

德尔菲法的实施步骤包括组建预见小组、选择参调专家、设计调查问卷、实施多轮调查以及结果汇总与反馈等。具体来说：（1）调查题目确定。拟定调查提纲，准备向专家提供的资料（包括预测目的、期限、调查表以及填写方法等）。（2）构建专家小组，一般不超过20人，具体根据研究项目范围进行设定。（3）发放首次调查问卷，给专家小组成员发放调查问卷，并附上问题的辅助支撑材料。（4）专家提出自己的预测意见，并说明自己是怎样利用这些材料提出预测结果的。（5）将各位专家第一次判断意见汇总，列成图表，进行对比，再分发给各位专家，让专家比较自己同他人的不同意见，修改自己的意见和判断。也可以把各位专家的意见加以整理，或请其他专家加以评论，然后把这些意见再分送给各位专家，以便他们参考后修改自己的意见。（6）汇总意见进行反馈。汇总专家修改意见，进行再次修改，经过三四轮的信息搜集与意见反馈，均采取匿名方式，直到每一个专家不再改变自己的意见为止。（7）对专家的意见进行综合处理。

作为典型的专家观点法，该方法侧重于汇集专家智慧，体现专家的专业知识经验，形成未来发展趋势预测，选择关键技术。专家选择和问卷设计显著影响着技术预见的效果。专家选择要考虑专业相关性、及时参与性以及官产学研范围广泛性等因素。问卷设计要遵循简洁、易懂、信息全面的原则。德尔菲方法的优点和缺点都比较明显。在优点方面，能够充分发挥各位专家的作用，集思广益，准确性高；同时匿名的问卷方式也能避免极端特殊情况等存在，使得结果成为客观。同时，德尔菲法也存在明显的缺陷：一是过程比较复杂，花费时间较长；二是缺少必要的思想沟通交流，可能存在一定的主观片面性；三是组织者的主观意见也可能影响技术预见的准确性。

德尔菲法是目前国内外应用最广泛的技术预见方法。日本文部省科学技术政策研究所开展的十一次技术预见活动均使用到了德尔菲法，由各科技领域的分学会组成预见调查委员会，从"技术领域—技术课题"的二元结构调查内容入手，形成未来30年日本重点考虑的科学技术预见项目。Cuhls 等（1994）借鉴了德国技术预见的先进经验，使用德尔菲法研究了日本的未来技术发展，并且将两国的技术预见结果进行了比较。

穆荣平等（2006）借鉴国内外研究经验，提出了"中国未来20年技术预见研究"的德尔菲调查问卷设计思路与统计分析方法，并应用该问卷完成了四个领域的技术预见研究。徐磊（2011）利用德尔菲法与技术路线图研究了上海市未来技术的发展方向。王崑声等（2017）充分利用德尔菲法对中国2035年的工程科技发展进行了预见；易晖和陈德棉（2005）运用德尔菲法，通过对中国生物制药行业的技术发展方向进行了预测分析。

（二）专家访谈法

专家访谈（咨询）法指由访问人与领域内专家面对面交谈，获得专家对技术发展方向的意见或建议。访谈法可以分为结构式、无结构式以及半结构式三种类型，三种类型各有区别。结构式访谈通常是按标准化程序、针对多个受访者进行问答式采访，访谈对象的选择尺度、方法，所提问题的内容、程序，以及记录方式，都遵循既定的标准程式，研究者主导访谈的走向和步骤。无结构式访谈的形式比较灵活，研究者通过各种方式鼓励研究对象灵活地发表意见，多方位地搜集材料。半结构式访谈是根据具体情况对访谈方案进行调整，介于结构式访谈与无结构式访谈之间，在控制总体访谈目标的同时鼓励受访者积极表达，以获取更加丰富的材料。

英国在2010年开展的"技术预见计划"项目，就主要采用了专家访谈和研讨会方式，邀请了25名来自科研以及商业领域的领军人物进行访谈，召集来自学术界、工业界、政府机关和私人机构的150多名专家学者召开了5场学术研讨会，识别了53种推动英国经济实现未来可持续发展的技术（王瑞祥和穆荣平，2003）。美国著名跨党派的外交政策智库美国战略与国际研究中心在2015年11月发布了题为"国防2045：为国防政策制定者评估未来的安全环境及影响"的评估报告，为美国国家安全部门提供参考。该研究通过对各领域的领先学术界人士和实践者进行访谈，确定并讨论了未来安全环境的驱动因素，从人口、经济和国家力量、权利扩散、新兴技术和颠覆性技术、连通性、地缘政治六个方面，对未来安全环境进行了评估。

（三）专家会议法

专家会议法指邀请领域内及相关领域专家，以问卷调查、咨询、研讨等形式充分收集专家对领域技术发展的意见，分析得出未来技术的发展方向、关键技术和颠覆性技术等。专家会议需要首先确定参会人数和会议进行时间。具体来说会议以20分钟至1小时为宜、专家规模以10—15人为宜。会议过程中，专家们交换意见、互相启发，弥补个人意见的不足，并通过内外信息的交流与反馈，产生"思维共振"，创造性地形成预测对象，在较短时间内为决策提供预测依据。专家会议法的不足之处在于，容易受到专家主观心理影响，出现从众等影响结果可靠性。

由于研究领域的特殊性，专家会议法在医学研究领域中还占据着重要的位置，如Boggild等（2007）在研究一种新型抑制剂过程中采用专家会议方式讨论抑制剂功效；Hill等（2006）采用专家会议法讨论了磷酸伯氨喹的临床实验结果以及未来可能具有的医疗应用等。

（四）头脑风暴法

该方法由美国创造学家奥斯本于 1939 年首次提出，并于 1953 年正式发表成为一种激发性思维的方法。与专家会议方法形成"群体思维"的方式不同，头脑风暴法的初衷是选择合适的专家组来克服专家会议方法的缺陷，具体方式包括寻找互不认识、职位不同的专家，不事先宣布参加人员职称、同等对待各职级专家意见等，避免专家组成员受心理互相作用的影响。

综合比较上述四种基于专家经验的技术预见方法，可以看出专家访谈（咨询）法和头脑风暴法是直接以研讨会等形式向专家征求意见，不进行反复的问卷调查，操作较为方便，与德尔菲法相比也大幅节约了技术预见开展的时间，但容易出现预见结果遵从个别知名专家意见的问题，缺乏民主化和社会化。

二 以数据分析为基础的技术预见方法

相比定性技术预见方法，以数据分析为基础的技术预见较少受到主观因素的影响，越来越受到专家学者的关注。具体来说，该类方法依据获得数据的来源不同可以进一步分为文献计量（科学计量）分析和专利分析等。

（一）文献计量分析

文献计量（科学计量）分析是运用数学、统计学等方法对一定时期内学者发表的研究文献进行引文和词频分析，从已发表的科技论文中进行挖掘分析，发现科学技术发展状况、特点和趋势，找出行业或领域的关键技术。按文献计量过程中具体使用的引文信息或关键词信息，文献计量分析包括引文分析和词频分析两大类。（1）引文分析，以文献为样本，分析领域内文献的引用和被引用情况。通过研究论文之间的引用网状关系，揭示科技文献之间、相关学科之间错综复杂的结构关系和亲缘关系，分析某项科学技术的起源、产生背景、发展概貌和突破性成就，进而揭示技术未来可能的发展方向。（2）词频分析，通过统计某一类学术文献中关键词、主题词、篇名词等核心词汇出现的频次高低，判断该领域的研究热点、知识结构和发展趋势。

文献计量方法主要运用数据挖掘等方法收集大量文献数据，总结规律进行技术预见，具有较强的客观性。但是如果收集的文献资料不够全面、数据量不够，就很容易造成预见结果的准确性不高，因而只适用于发展较为稳定的领域（沙镇江等，2015）。汪潘义等（2014）以中国期刊全文数据库为平台，分析了中国区域产业同构问题。薛燕等（2011）在回顾了石油工业节能技术论文，采用文献计量法探究该领域的发展动态，对现有研究成果进行定量分析和评价。王金鹏（2011）以科学引文索引数据库为基础，综合应用引文分析和词频分析等方法，对信息安全领域进行了技术预见。

（二）专利分析

专利分析是对专利说明书、专利公报中专利数量、同族专利数量、专利引文数量等数据进行统计分析，确定技术领域的核心专利、关键专利权人或发明人，遴选关键技术，获得技术动态发展的趋势信息。按统计分析的对象，专利分析方法具体可以分为 IPC 分布分析、专利技术功效矩阵图和专利引文分析等多种类型。

（1）**IPC 分布分析**。该方法是以专利文献中的技术分类号作为研究对象的技术预见方法。国际专利技术分类号（IPC）是专利文献扉页中专利审查员赋予专利的技术分类号，是目前唯一国际通用的专利文献分类和检索号，是包括中国在内世界各国专利局都采用的国际分类标准。IPC 按照发明创造的技术主题进行分类，分别用英文字母 A—H 表示 8 个不同的技术领域，并将全部技术领域按不同的技术范围设置成部、大类、小类、大组或小组，由大到小的递降次序排列。每一部分分为若干个类，用表示部的字母加上两个阿拉伯数字表示，如 A01，所表示的技术类别也进一步细化。类下面是小类，相应的表现形式是在类的后面加上一个英文字母，如 A01B。进一步，小类又分为组，包括大组（主组）和小组（子组），从而形成一个层次结构，该结构以部为根结点，以子组为叶节点，当到组的这个层次时已经有近 70000 个技术类别，形成一个庞大的系统。统计某一技术领域专利的国际专利分类号，分析该技术集中在哪些类别，以及各类别专利在该技术领域中所占的比重，从而判断哪些技术类别为技术密集区域，哪些领域相对空白。

（2）**专利技术功效矩阵图**。该方法是从技术之间相关关系的角度研究技术的发展，将专利数量绘制在一张二维图中，纵轴为专利能够达成的功效，横轴为专利使用的技术手段，帮助技术预见主体识别技术聚集点和空白区，制定技术规划（沙振江和张蓉，2015）。该方法以不同年代专利技术的申请量为样本，在矩阵横栏第一栏列出专利所要达到的功效种类，纵轴第一列列出专利采用的技术手段种类，并将专利号（或专利数量、公司名称等）按照"技术""功效"分别填入对应的矩阵单元格中，即成为显示专利空白区、疏松区、密集区的矩阵分布表。

（3）**专利引文分析**。该方法是以引文分析为基础的专利研究方法，是按照科学论文引文联系的方法探寻专利间的联系。专利引文分析研究包括两个方面，一是专利引文量分析，即统计特定专利在后来的专利或非专利文献中被引用的总数，具有明显创新性的专利被更多地引用；二是专利引文分析，通过研究专利之间的引用关系及规律，归纳总结技术与技术之间的联系和发展规律，跟踪对应于不同技术的专利网络，发现处于不同技术交叉点上的专利。

三　情景分析法

20世纪40年代美国兰德公司分析员赫尔曼·凯恩发明了情景分析法，目前已经被多个知名跨国公司所使用。中国于20世纪90年代引入该方法，并在环境预测、经济增长预测以及能源预测等领域广泛使用了该方法。情景分析的基本思路如图3—1所示。该方法认为事务发展受到各种因素影响，只有描述可能发展的多种情景，才能更加贴近未来。在分析结果基础上，充分考虑各种因素才能有效分析未来情景。

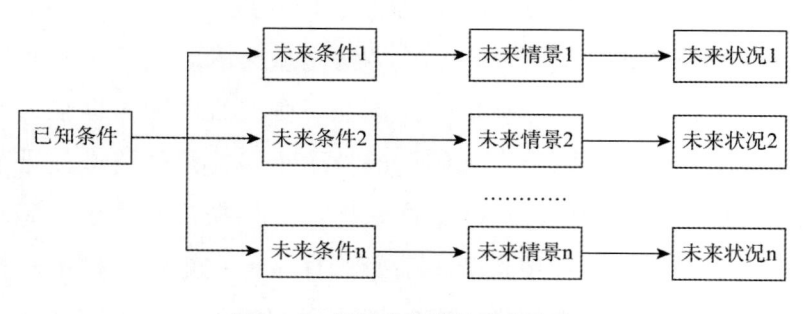

```
               ┌─→ 未来条件1 → 未来情景1 → 未来状况1
               │
已知条件 ──────┼─→ 未来条件2 → 未来情景2 → 未来状况2
               │        ……
               └─→ 未来条件n → 未来情景n → 未来状况n
```

图3—1　情景分析法的基本思路

四　社会经济需求调查分析方法

除了上述以技术本身发展轨道为研究重点的技术预见方法，专家学者也逐渐开始关注社会需求或未来发展愿景对技术发展的引致效应，提出了社会经济需求调查分析等新的技术预见方法。社会经济需求调查分析方法由三个阶段组成，分别为候选需求目录清单形成阶段、确定需求目录阶段、开展需求清单与科技事务关联分析阶段。具体来说，第一阶段为形成候选需求目录清单。具体流程如下，一是进行资料文献研究，形成需求目录框架。研究科学发展计划、上次技术预见调查及研究成果、科技白皮书以及政府报告等。二是访谈重要利益相关群体。通过与学界、产业界主要代表的访谈活动，完善调查分析框架。三是开展互联网专项调查，形成需求目录清单初稿。通过互联网开展专项调查，广泛征求民众意见，同时成立学界、商业界、公众三个社会利益群体的代表组成专题专家组，广泛征求三个群体意见。第二阶段为确定需求目录。在前一阶段搜集的大量复杂信息基础上，基于互联网调查的层次分析方法，对收集到的信息聚类并加以权重。通过三个专题专家组进一步讨论，形成具有层次结构的以及权重支撑的目录清单。第三阶段为需求清单与科技事务关联分析实际开展阶段。根据需求清单提出未来社会将面临的挑战，与技术预见三个板块协同工作，相互印证、相互支持。

五 组合型技术预见方法

由于单一的定性或定量技术预见方法可能会在客观性和准确性上存在缺陷，因此越来越多的国内外学者将多种技术预见方法进行组合，为技术预见方法的发展提供了新的视角。

（一）德尔菲法—专利技术地图

德尔菲法在技术预见方法中最传统，但在实现过程中存在成本高、耗时久等问题。而运用专利技术地图进行技术预见虽然方便简单，但对技术人员的素质和水平的要求较高，可能缺少准确性。因此，将德尔菲法和专利技术地图相结合，先绘制技术路线图，应用简洁的图标描述技术变化步骤或相关技术环节之间的逻辑关系，发现领域内的热点技术。之后利用德尔菲法对专家进行匿名问卷调查收集意见，确保所发现的热点技术具有可行性（徐磊，2011）。两种方法功能互补，为领域内技术发展方向的确定提供了理论支撑。

（二）德尔菲法—科学计量（文献计量）/专利分析

单一使用德尔菲法等定性方法进行技术预见，可能造成预见结果的客观性和科学性不强，因此，国内外学者大多在使用德尔菲法的基础上，增加以文献计量和专利分析为代表的定量分析，实现以专家决策为中心，充分利用数据支撑，实现科学、系统的技术预见。张嶷等（2012）和 Robinson, D. K. 等（2013）分别在德尔菲法基础上增加了文献计量和专利分析，将定量分析的结果作为技术预见的背景资料，提供给参加德尔菲调查的专家，增强德尔菲调查的客观性。Keppell（2000）和 Kenny 等（2009）则在技术预见的整个过程中实现定量分析与专家经验互动关联，定量分析生成分析报告供专家学者参考，并由专家学者提出建议，对定量分析进行进一步修正和完善。刘宇飞等（2016）为提高技术预见过程中定量分析与定性分析的互动影响，将专利分析和文献计量分析流程化、系统化，形成了以技术集中度、技术生长率和技术成熟度系数等为代表的指标库，方便专家、学者及时了解特定技术领域的发展状况。

（三）德尔菲法—科学计量（文献计量）/专利分析—情景分析

情景分析法是通过假设、预测、模拟等手段生成未来情景，并分析情景对目标产生影响的方法。与其他预测方法不同，情景分析基于未来发展不确定性，得出的关于未来不同发展状况的预测。目前技术预见研究很少单独采用情景分析方法，大多将情景分析与德尔菲法、科学计量法相结合，进行组合技术预见。

日本分别在 2005 年、2010 年、2015 年和 2019 年完成了第八次、第九次、第十次和第十一次技术预见调查报告，采用包括德尔菲法、社会经济需求调查法、文献计量法、情景分析法和愿景构建等在内的组合方法进行技术预见，并经历了从需求导向的技术预见转向基于社会愿景构建的科学技术预见调查。在2005年之前的技术预见调查中，日本文部省科学技术政策研究所一般首先采用德尔菲法进行两轮调查。其次，采用文献引文分析法，从数据库中按学科门类和研究前沿抽取高被引论文，根据高被引论文及其引用关系绘制快速发展领域的内容和关系图谱，并依据引文分析结果设定定标比超目标，分析日本在各研究领域的位置和优、劣势。最后，情景分析委员会在参考引文分析、德尔菲调查研究成果的基础上，分两个阶段遴选主题，并在各主题领域内推选水平最高、最合适的专家进行情景撰写，对应未来30年日本的发展情景提出日本应当采取的行动（NISTEP，2005）。最近的第十次（2015年公布）和第十一次技术预见调查（2019年完成）则加入了描绘社会未来发展形态的愿景构建内容，通过召开愿景研讨会，邀请不同领域的研究人员描绘实现未来社会的结构和愿景。结合以数据科学以及大数据分析为主的未来科学技术发展预见，从国际视角绘制科学技术未来发展蓝图。第十一次科学技术预见调查则在第十次调查结构基础上，增加掌握变化征兆的研究内容，通过科学技术、社会趋势的"水平扫描"发现科学技术和社会变化的趋势，并在"社会未来形态研究（愿景研讨会）"中汇总形成2040年的日本社会未来理想形态。然后采用德尔菲调查法，收集汇总不同领域专家针对科学技术课题的意见，获取今后应推进的科学技术领域。

英国在2012年和2017年的"技术与创新未来项目"中，采用了德尔菲法、专家访谈（咨询）、专利分析、科学计量和情景分析等多种方法。英国科技办公室首先向1000多位来自学术界和产业界的专家发放问卷进行德尔菲调查，之后对英国知识产权局超过2万份专利以及英国创新和研究委员会的研究资助进行了专利分析，并对一定时期内发表的约 100 篇科技论文进行文献计量分析，形成英国技术发展现状的基本判断；其次，召集业界、学界和投资界专家开展了多轮圆桌会议，对能够促进英国未来 20 年可持续发展的技术领域进行座谈；最后对筛选出的 50 多种重点技术进行了市场前景的情景分析（GOS，2017）。

美国兰德公司的技术预见方法也大致包括德尔菲法、文献计量和情景分析三大类。首先，通过梳理主要科技文献，了解美国研发实验室的实际研究进展和该技术在全球范围内的发展水平；其次，组织专家判断这些待评估技术是否能在全球范围内产生重大影响，用以评估技术趋势的可行性；再次，在相应技术领域推荐专家根据自身专业知识和丰富经验评估哪些技术应用于世界上的哪些地区或领域是重要的；最后，针对技术预见分析得到的结果进行情景分析，评估技术发展对经济发展、公共和个人健康、资源利用和环境、国防等领域可能产生的影响（Silberglitt，et. al，2006）。

总体而言，随着国内外专家学者深入开展技术预见方法研究，单一技术预见方法表现出预见结果准确性较低、主观性强、时间长、成本高等不足之处。因此，越来越多的技术预见活动采用两种或两种以上的方法组合使用，以提高技术预见结果的科学性和准确性。另外，国内外技术预见逐步强化数据科学和文献计量等方法在当前发展现状判断和未来愿景构建中的作用，并逐渐形成综合分析。中国早期的技术预见研究过度依赖德尔菲法，随着定量分析方法引入技术预见，文献计量、聚类分析、数据挖掘等方法将有效弥补定性方法客观性不强的缺点，成为未来中国技术预见研究使用的主要方法之一。

第三节　国内外技术预见实践的方法应用

世界各主要国家纷纷开展了大量技术预见活动，国家层面的技术预见活动，不仅有日本、韩国等传统的技术预见国家，还包括德国、英国、法国等发达国家，以及印度、中国等发展中国家。据统计，1971—2014年全球有79个国家开展了2270次技术预见（技术预见报告编委会，2008），见图3—2。

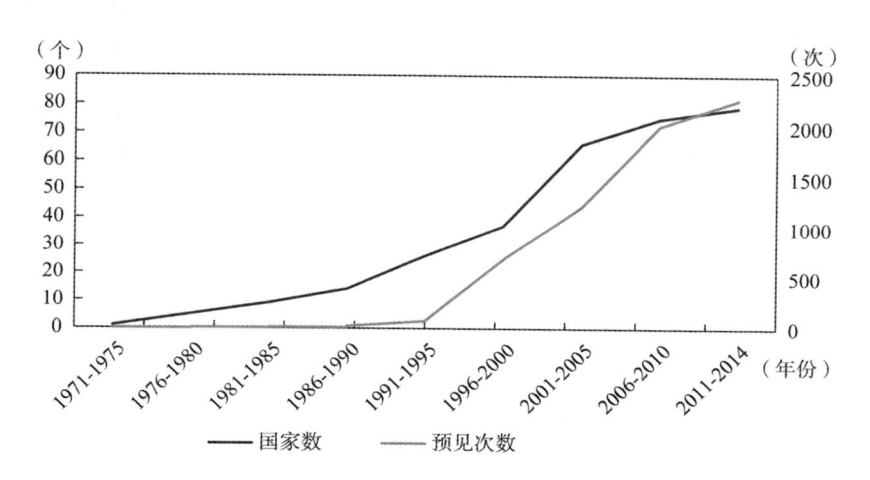

图3—2 全球技术预见活动国家数量与次数（右轴）变化趋势

资料来源："中国工程科技2035发展战略研究"项目组：《中国工程科技2035发展战略：技术预见报告》，科学出版社2019年版。

一 日本技术预见实践

日本作为技术立国的典范，是全球最早由政府组织实施大规模技术预见的国家。自1971年起，日本每五年进行一次技术预见调查，截至2019年日本已经完成了11次技术预见活动。技术预见为日本政府制定科技政策和发展自主创新政策提供了强有力的依据与支持。

20世纪70年代日本科技发展完成了追赶，达到世界领先水平，逐渐失去了模仿和引进先进技术的对象。为了明确未来科技发展方向，技术预见开始受到日本政府的高度重视。1971年日本开展了第一次全国范围内的技术预见调查，成为首次运用德尔菲法进行技术预见的国家。前六次技术预见（1971年、1976年、1981年、1986年、1991年、1995年）基本采用单一的德尔菲法。20世纪90年代日本将综合性科技政策与技术预见调查相结合，技术预见调查目标成为为日本科技规划和政策的制定提供依据。进入21世纪技术预见调查继续为日本的科技规划与政策制定提供依据，影响日本关键技术的选择与技术优先次序。2001年的第七次技术预见开始采用多种技术预见方法的组合应用，引入了需求分析法。2005年第八次技术预见在德尔菲法的基础上同时引入了需求分析法、文献计量法和情景分析法开展协同研究，并注重学科间的融合，增加了"产业基础结构""社会基础结构""社会科学与技术"三个社会技术方面的基础领域，社会技术方面的技术课题数占技术课题总数的1/4。2010年第九次技术预见在应用德尔菲法和情景分析法的同时开展了区域创新能力的调查，并且更加关注科技对社会发展的影响和贡献。技术预见调查开始把满足社会经济发展需求、改善人民生活质量等问题作为主要目标，以解决日本社会面临的重大问题和挑战。2015年第十次技术预见则采用了未来愿景、德尔菲法和情景分析法，这些方法相辅相成，注重科技政策与创新政策一体化，有助于提高技术预见的科学性和准确性。

表3—2　　　　　　　　日本十一次技术预见方法

技术预见活动	具体方法
第一次技术预见（1971年）	德尔菲法
第二次技术预见（1976年）	德尔菲法
第三次技术预见（1981年）	德尔菲法
第四次技术预见（1986年）	德尔菲法
第五次技术预见（1992年）	德尔菲法
第六次技术预见（1997年）	德尔菲法
第七次技术预见（2001年）	德尔菲法+需求分析法

续表

技术预见活动	具体方法
第八次技术预见（2005年）	德尔菲法+需求分析法+情景分析法+文献计量法
第九次技术预见（2010年）	德尔菲法+情景分析法+研讨会法
第十次技术预见（2015年）	在线德尔菲法+情景分析法+未来愿景分析法
第十一次技术预见（2019年）	德尔菲法+文献调查法+愿景构建法+情景分析法

资料来源：高卉杰、王达、李正风：《技术预见理论、方法与实践研究综述》，《中国管理信息化》2018年第17期。

日本第十次技术预见以德尔菲法为研究基础，使用情景分析方法和未来愿景分析实现未来愿景与情景勾画。该技术预见过程特征为"课题解决型情景规划"，首先开展未来社会愿景调查，根据愿景提出未来可能实现的科学技术并进行评估，基于提出的相关科学技术群开展多选项研究，进而创建未来情景，通过技术情景与社会情景的组合分析提出政策选项，实现科技政策与创新政策的一体化（孙胜凯等，2017）。具体来说，一是2013年11月至2014年3月开展未来社会愿景调研，众多专家学者参与研讨会，研究实现未来社会的结构和愿景。二是2014年4—10月开展技术预见的主体活动，包括预期未来能够实现的科学技术摘要，以及专家对科学技术的重要性、国际竞争力等进行评估。其中，德尔菲法是技术预见的主体方法，实施问卷调查的时间为2014年9月，通过互联网开展问卷调查，委托日本科技政策研究所（NISTEP）的约2000名专家、网络特约研究员及相关学会协会会员开展合作。三是2014年11月至2015年3月创建未来情景，基于科学技术群整合推进的、面向愿景实现的多选项研究。

日本的第十一次技术预见在第十次技术预见的框架基础上增加了掌握科学技术、社会变化趋势的"水平扫描"。首先通过文献调查，从科学技术相关数据库中提取信息、利用网络爬虫收集研发相关信息、收集专家信息等，收集整理科学技术和社会的趋势，作为后续研究的基础信息。同时开展世界未来形态研究的国际研讨会和日本国内区域未来形态研究的区域研讨会，从而形成发展趋势信息。其次，并行开展"社会的未来形态"研究（愿景分析）和"科学技术的未来形态"研究（德尔菲调查）。在"社会的未来形态"研究（愿景分析）中，参考发展趋势的相关信息，以研讨会形式整理汇总2040年的日本社会未来理想状态；在"科学技术未来形态"研究（德尔菲调查）中，分7个领域进行"有望在2050年之前实现的科学技术"预见，多轮收集多名专家针对科学技术课题的意见，并通过科学技术课题的聚类，提取今后应该推进的科学技术领域。最后，以在"社会未来形态研究（愿景）"中得到的日本社会未来形态和在"科学技术未来形态研究"（德尔菲调查）中设定的以科学技术课题为基础，汇总整体内容，绘制"基本蓝图"。

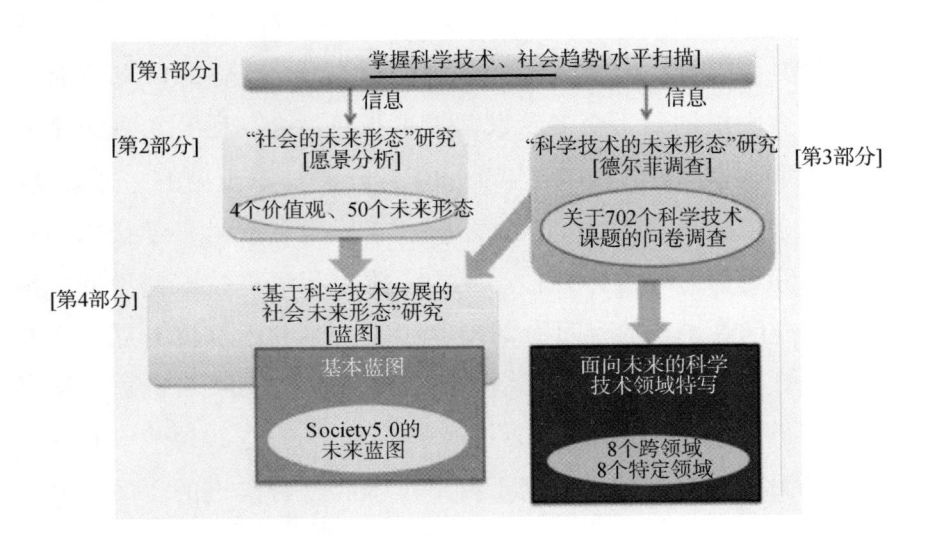

图3—3 日本第十一次技术预见调查整体结构

资料来源：日本科技政策研究所（NISTEP）报告第183号，《第11次科学技术预见调查2019综合报告》。

二 英、美、德技术预见实践

英国已经进行了三次技术预见活动，英国在三次技术预见活动中，都是根据不同的研究需求和研究内容，采用不同的预见方法，且往往是几种方法的综合运用，并在实践中进行集成创新。整体来说，英国综合采用的方法主要包括德尔菲法、情景分析法、专家会议法、知识挖掘、文献计量等。第一轮技术预见（1994—1998年）运用德尔菲法与市场分析、情景分析进行技术预见，预见时间为10—20年，以15个领域小组为主。第二轮技术预见（1999—2001年）运用德尔菲法、研讨会、情景分析等进行技术预见，仍以领域小组展开，但是缩减到了10个，主要关注科技与社会领域的创新机会，强调小组间的横向交流。第三轮技术预见始于2002年，主要使用专家访谈法和德尔菲法，并以滚动方式延续至今。2010年英国发布了第三轮技术预见报告《技术与未来：英国2030年的增长机会》，该轮技术预见综合运用了德尔菲法、专利分析法、文献计量法与研讨会等方法。

美国技术预见始于20世纪30年代开展的"技术预见与国家政策"研究，经历了兴起、衰落和启动三个阶段。兴起于冷战时期，美国兰德公司成立，并创立了技术增长曲线、情景分析法和德尔菲法等重要技术预见方法（李建民，2002）。到了20世纪70年代末，由于军方需求减弱，市场需求尚未纳入技术预见，技术预见活动在美国开始衰落。到了20世纪80年代末，信息技术革命兴起，美国开始重视科技战略，之后"国家关键技术"研究开始启动。

德国技术预见源于1992年与日本的技术预见合作，基本采用日本第五次技术预见的实施方法，通过问卷进行德尔菲调查。1998年第二次技术预见同样使用德尔菲法；2001年第三次技术预见，采用了德尔菲法和情景分析法。之后，德国建立了自主技术预见体系，即"FUTUR"（The German Research Dialogue）识别未来科学技术优先发展领域，综合了德尔菲法、情景分析法和专题研究等多种方法。根据"FUTUR"政策框架，德国分别于2007—2009年以及2012—2014年开始围绕社会发展的技术预见活动。

三 中国技术预见实践

中国最早开展系统性技术预见研究的机构是科技部和中国科学院。科技部于2002年启动技术预见工作，之后每隔五年进行一次，主要服务于国家科技规划和政策制定；2015年，科技部开展了技术预见调查工作与关键技术研判工作，为编制"十三五"科技规划和确定重点发展技术领域提供了依据；2019年，科技部开展第六次国家技术预测研究，对未来5—10年经济社会发展的关键技术进行预测，为中长期和"十四五"科技发展规划提供决策支撑。中国科学院于2003年开始开展"中国未来20年技术预见研究"，并分别于2005年和2008年完成了四个不同领域的技术预见工作。2009年，中国科学院发布了《创新2050：科技革命与中国的未来》系列报告，描绘了中国2050年的科技发展路线图，提出构建以科技创新为支撑的中国八大经济社会基础和战略体系，即"可持续能源与资源体系、先进材料与智能绿色制造体系、无所不在的信息网络体系、生态高值农业和生物产业体系、普惠健康保障体系、生态与环境保育发展体系、空天海洋能力新拓展体系、国家与公共安全体系"。2015年，中国工程院与国家自然科学基金委员会共同组织开展了"中国工程科技2035技术预见"，作为"中国工程科技2035发展战略研究"项目的一部分，前瞻性地系统谋划中国工程科技及相关领域的基础研究，并提供咨询服务。在地区层面上，2001年上海市和北京市分别启动了技术预见研究，其中上海市科学学研究所至今已开展3轮调查，第三轮于2013年启动，以支撑上海市"十三五"科技规划编制为目标开展中长期技术预见研究工作。广东、武汉、天津、云南、山东、新疆等省、自治区、直辖市也先后开展了区域技术预见活动。技术预见已成为各国制定科技发展战略、规划和政策过程中不可或缺的内容，为识别国家战略需求和把握世界科学技术前沿发展趋势提供了系统工具，是优化各国科技资源配置的必要手段。

（一）科技部的国家技术预测研究

自20世纪80年代起，科技部牵头开展了六次国家层面的技术预测研究，有效地支持了历次国家和地方科技发展规划纲要的编制（见表3—3）。第一次技术预测研究主要参考借鉴日本、美国等国家的技术预见方法，对10个产业进行了技术发展预测，并沿用该方法分别于1992年和1997年开展第二次和第三次技术预测研究工作。2003年启动的第四次技术预见综合使用德尔菲法、情景分析法、文献计量和专家研讨等方法，对信息、生物、新材料、能源等9个领域开展关键技术预见研究。2013—2016年，科技部与中国科学技术发展战略研究院合作开展第五次技术预见，采用以德尔菲法为主，结合文献计量与专利分析的综合分析法，开展交通、资源、城市化、遥感等10个领域的技术预测研究。

为支撑中长期和"十四五"科技发展规划，科技部于2019年启动第六次国家技术预测工作，对信息、新材料、制造、空天、能源、交通、现代服务业、农业农村、食品、生物、资源、环境、人口健康、海洋、公共安全、城镇化与城市发展、前沿交叉17个领域展开预测研究。本次技术预测工作综合采用大规模德尔菲调查和文献计量、专利分析等方法，在第一阶段开展技术竞争评价和需求分析，明确当前重点领域关键技术的发展现状,分析领域发展趋势和重大科技需求;第二阶段开展文献计量、专利分析和两轮德尔菲调查,形成初步的未来技术方向判断;第三阶段通过专家研判和文献计量、专利分析综合判断领域关键技术,并形成国家关键技术建议。本次技术预测工作聚焦当前国家发展重大需求,在开展传统领域技术预测的基础上,重视跨领域技术和颠覆性技术方向的研判,包括技术竞争评价、重大科技需求分析、领域技术调查和关键技术选择等重要任务。

表3—3　　　　中国科技部的历次技术预见实践

时间	领域或行业	备选技术（项）	关键技术（项）	参加人数	应用情况
第一次（20世纪80年代）	通信、生物等10个行业	—	—	—	预测机构成立,服务政府规划
第二次（1992—1995年）	信息、制造、材料、生物4个领域	61	24	1000	为"九五"科技发展规划服务
第三次（1997—1999年）	农业、信息与制造3个领域	308	128	1200	为"十五"科技发展规划服务
第四次（2003—2005年）	信息、生物、新材料、能源、资源环境、制造、农业、健康和公共安全9个领域	794	89	3000	为"十一五"科技发展规划服务
第五次（2013—2015年）	交通、资源、城市化、遥感、海洋等14个领域	2097（1525）	120	31000（2317）	为"十三五"科技发展规划服务
第六次（2019年至今）	信息、新材料、制造、空天、能源、交通等17个领域	2374	—	4182	为中长期和"十四五"科技发展规划服务

资料来源:"中国工程科技2035发展战略研究"项目组:《中国工程科技2035发展战略:技术预见报告》,科学出版社2019年版。

（二）中国工程科技 2035 技术预见

为了提高中国工程科技中长期发展战略的前瞻性、系统性与科学性，中国工程院与国家自然科学基金委员会联合开展了中国工程科技 2035 技术预见，开展了未来 20 年工程科技关键技术预测与选择。与科技部开展技术预测工作服务于科技规划编制目标不同，此次技术预见旨在通过战略研究提出支撑中国未来工程科技发展的基础研究方向，重视将国家需求同工程科技发展的可行性预判结合起来，凝练工程科技发展中的重大科学技术问题。因此，中国工程科技 2035 技术预见强调技术预见、需求分析与技术路线图结合的综合应用，以满足中国工程技术发展的技术前瞻、愿景需求以及技术路径选择需要。在技术预见、需求分析和战略研究结合的过程中，充分重视需求的牵引带动作用，将愿景与需求分析作为提出工程科技技术清单的重要依据，课题组设计了德尔菲调查法，并结合文献计量、专利分析、专家研讨、情景分析、愿景调查、技术路线图和经济预测的系统研究方法，以工程技术愿景分析为背景，以专家研讨与德尔菲法为主体，以文献计量、专利分析为技术，识别优先发展技术领域与技术项，如图 3—4 所示。工程科技 2035 技术预见包含 11 个领域，分别是信息与电子、先进制造、先进材料、能源与矿业、环境生态与绿色制造、空间海洋与地球观测、城镇化与基础设施、交通、农业与食品、医药卫生与人口健康、公共安全。目前，国家自然科学基金委员会和中国工程院联合开展的"面向 2040 年的中国工程科技发展战略、需求预测、愿景分析、技术预见研究"正在进展中。

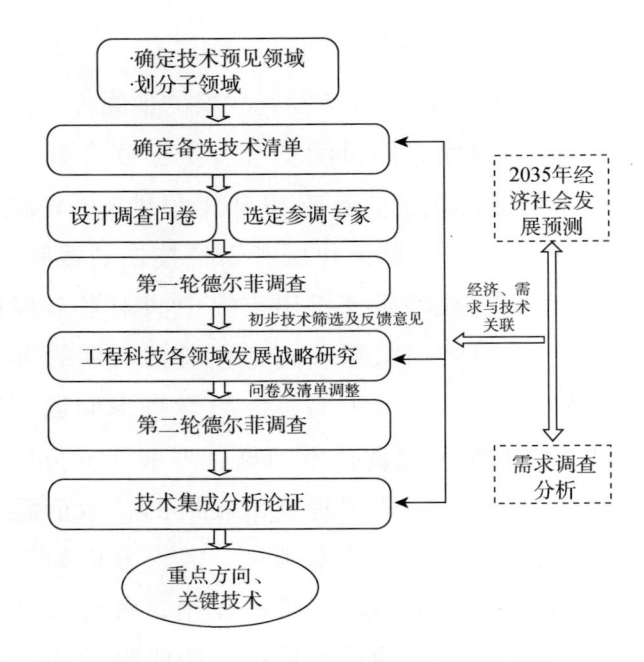

图 3—4　中国工程科技 2035 技术预见方法

资料来源：王崑声等：《中国工程科技 2035 技术预见研究》，《中国工程科学》2017 年第 1 期。

第四章

重点产业发展对工程科技需求的研究框架、研究方法和实施过程

第一节 整体研究框架

工程科技是连接科学发明、技术发明、工程建设以及经济增长的重要枢纽,在分析重点产业发展对工程科技需求视角上,本研究将未来经济社会发展愿景、国家重大战略、重点产业的目标定位和发展约束三个视角相结合。首先,考虑到新时代的中国社会主要矛盾已经转变为人民日益增长的美好生活需要和不平衡不充分的发展之间的矛盾,工程科技的发展要立足于解决新时代的主要矛盾,满足民生发展的要求。工程科技的发展具有广泛的经济社会、生态、环境,甚至伦理等方面的影响,不仅单纯强调科技本身的发展,还要进行全面多维度愿景分析,提炼满足未来多维度经济高质量发展和人民生活需要的重点需求。其次,工程科技是实现国家重大战略的重要支撑,要结合中国国情和发展需求,提炼实现国家重大战略的关键领域的重点科技需求方向,开展工程科技发展路径设计,强调工程科技的战略导向性。最后,工程科技紧密贴近市场,要把握产业发展规律,着眼于产业发展的问题导向和需求导向,从产业—

企业—产品—技术传导路径的角度，从需求侧提炼促进未来重点行业发展和解决现实突出问题的关键工程科技需求。

基于文献的梳理，在吸收已有研究成果的基础上，结合本课题的研究目标，提出未来重点产业发展对工程科技需求方向的分析框架。其中，第一条路径是基于对未来经济发展、社会形态、生态环境变化、能源发展、生活消费方式、生产制造模式等分析，描绘出未来经济社会发展愿景，在此基础上提炼满足未来多维度经济高质量发展和人民美好生活需要的重点需求，进而分析未来经济社会发展对工程科技发展的需求。第二条路径是基于未来的医药、能源、信息等行业发展规模、研发投入、行业生产效率等方面预测未来重点行业的发展，在此基础上提炼促进未来产业发展、解决关键现实问题的重点需求，进而分析各行业未来发展对重点领域工程科技的需求。第三条路径是结合中国重大战略的导向，分析医疗卫生、能源、信息业等行业发展的目标定位和发展约束，参考发达国家未来科技战略中的前沿领域发展方向，分析各行业发展对工程科技的需求方向。结合社会发展愿景、重点行业发展预测、国家重大战略分析等多种判断方法，综合界定对医疗卫生、能源、信息业等行业工程科技的需求方向集。

在获得重点行业领域的工程科技的需求方向集基础上，针对重要程度、预期效果、国际水平比较、制约因素、发展路径、产业化前景、未来应采取措施等内容进行问卷设计。采用综合分析方法对战略科学家、行业专家、技术专家、企业专家、经济学家、社会学家进行多层次访谈调查，识别和分析重点工程科技，科学预测医疗卫生、能源、信息业等行业或重点领域对工程科技的需求方向，并将上述不同维度的工程科技需求预测结果进行综合与整合，得到面向2040年的经济社会发展对医疗卫生、能源、信息业等行业的工程科技需求方向。

整体上，本书在坚持面向世界科技前沿、面向经济主战场、面向国家重大需求、面向人民生命健康的原则下，面向未来经济社会发展，满足人民日益增长的生活需求，结合国家重大发展战略的导向，符合产业发展的需要，分析未来对工程科技需求方向进行综合判断和识别。

第二节　产业发展对工程科技需求分析的实施过程

基于未来社会经济发展愿景、国家重大战略需求以及产业领域内的技术积累与战略要求，分析重点产业工程技术需求的具体实施过程可分为以下五个阶段（如图4—1所示）。

（一）重点行业或领域对工程科技需求判断的阶段

这一阶段根据研究目标，做好未来工程科技的需求集凝练。根据本研究的目标，要结合社会经济发展愿景、重点行业发展预测、国家重大战略分析等多种判断方法，综合界定对医疗卫生、能源、信息业等行业工程科技的需求方向。首先，根据未来经济发展整体预测，对未来重点行业或领域的发展规模或发展趋势做出判断；其次，结合国家重大战略对重点行业或领域发展的目标定位和发展约束，对其发展趋势做出判断；最后，基于未来总体发展愿景分析，结合上述发展趋势性判断，对各重点行业或领域的发展需求进行细化分析。在此基础上，进一步凝练出各产业子领域的工程技术需求集，供专家参考选择。

（二）专家选择

要分析未来重点行业发展对工程科技发展的需求，依据代表性、权威性、前瞻性等原则，需要综合并广泛选择战略科学家、工程科

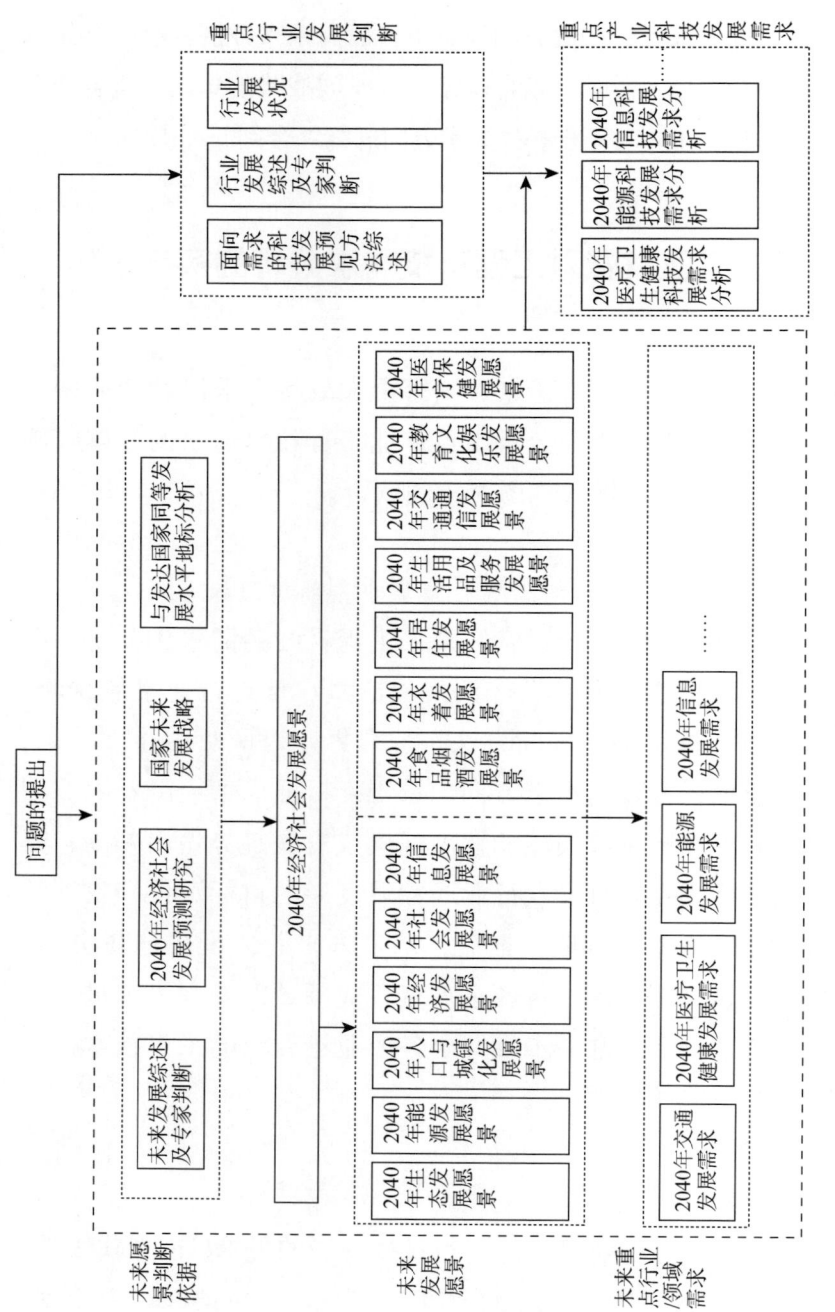

图 4—1 未来重点产业发展对工程科技需求的技术路线图

资料来源：课题组绘制。

技专家、经济学家、社会学家和企业家。首先要选择对未来有判断力的战略科学家。其次要选择相关科技专家，选取在技术研究开发和应用一线的领域专家，包括高校、科研院所和企业的科技专家；再次要选择相关行业领域的专家，如中国科协相关一级学会和行业协会的相关专家。最后要选择经济学家、社会学家、相关领域的企业家等。

（三）调查问卷设计阶段

调查问卷的设计要结合特定制度与市场条件。德尔菲调查问卷设计必须坚持"全面、简洁、准确、客观、可行、一致"原则。问题设置既要全面，又要避免增加专家回函难度，甚至降低回函专家数量等问题，因此，问卷问题设计应该在满足调查需要的情况下选择尽可能少的问题。要做好两者之间的平衡，选择最优问题数量，以期获得合适的回函数量与收敛的结论。

（四）调查实施阶段

确定调查时间与调查计划，通过问卷调查、专家访谈、现场座谈等多种方式开展调查研究。在进行专家访谈、现场调研之前，首先要向专家详细描绘2040年总体的经济社会发展愿景、重点行业领域的未来发展趋势以及未来行业发展对工程科技的发展需求，让各个专家在明确未来发展愿景的场景下发表建议。在进行两轮德尔菲调查时，同样以书面的形式，提供未来的发展愿景以及未来各重点行业发展对工程科技的发展需求，让受访者在未来发展的场景下，参与问卷调查。之后对调查后的结果进行统计和专家讨论，不断提炼备选技术清单。

（五）分析确定未来工程科技需求阶段

对问卷调查数据进行统计分析后，得到初步的技术选择。然后通过专家会议，对技术需求进一步进行讨论，形成收敛性结果。针对该结果，对重点产业的工程技术需求逐一进行分析，得出中国未来重点产业或领域发展对工程科技的需求。

（六）论证确定阶段

通过专家论证补充后，最终确定各个领域的工程科技需求，并对工程科技发展水平、制约因素和可能的产业化前景等进行分析。

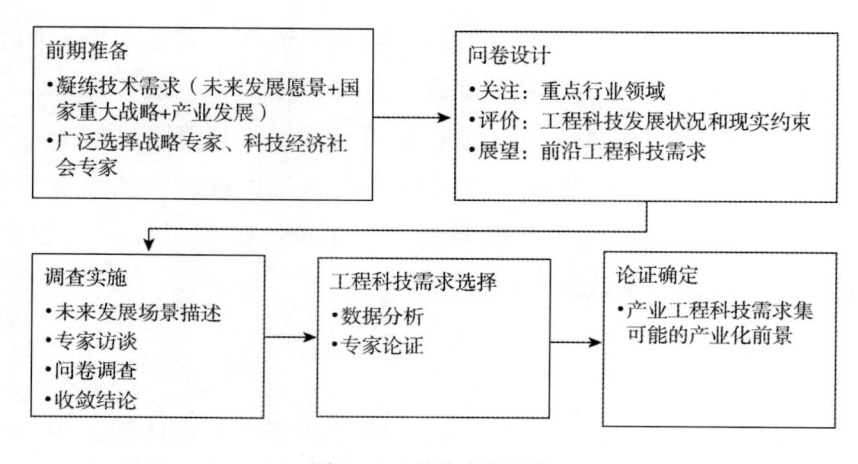

```
┌─────────────────────────┐      ┌─────────────────────────┐
│ 前期准备                │      │ 问卷设计                │
│ • 凝练技术需求（未来发展 │─────▶│ • 关注：重点行业领域    │
│   愿景+国家重大战略+产业 │      │ • 评价：工程科技发展状况│
│   发展）                │      │   和现实约束            │
│ • 广泛选择战略专家、科技 │      │ • 展望：前沿工程科技需求│
│   经济社会专家          │      │                         │
└────────────┬────────────┘      └────────────┬────────────┘
             │                                │
             ▼                                ▼
┌──────────────────┐  ┌──────────────────┐  ┌──────────────────┐
│ 调查实施         │  │ 工程科技需求选择 │  │ 论证确定         │
│ • 未来发展场景描述│─▶│ • 数据分析       │─▶│ • 产业工程科技需求│
│ • 专家访谈       │  │ • 专家论证       │  │   集可能的产业化 │
│ • 问卷调查       │  │                  │  │   前景           │
│ • 收敛结论       │  │                  │  │                  │
└──────────────────┘  └──────────────────┘  └──────────────────┘
```

图 4—2　具体实施过程

资料来源：课题组绘制。

第三节　研究方法

本书采用愿景分析法、问卷调查法和专家访谈法等多种组合方法。

（一）愿景分析法

本书首先对 2040 年重点行业或领域的发展规模或发展趋势做出

判断。基于2040年中国经济发展预测结果，结合国家重大战略对重点行业或领域发展的目标定位和发展约束，对重点行业或领域的发展愿景进行细化描述，分析重点行业或领域未来发展对工程科技需求的方向。

（二）问卷调查法

调查问卷设计是决定结果的科学性、可靠性和前瞻性的关键。本研究的问卷设计思路如下：一是明确调查目的。以国家经济社会发展愿景、国家重大战略目标定位和重点行业发展预测研究为前提，通过面向战略科学家、工程科技专家、经济社会专家等的问卷调查，明确未来重点产业的发展趋势和工程科技需求的基本方向，把握当前工程科技的研发水平、产业化前景和可能存在的困难。二是确定调查内容。服务于调查目标，调查问卷内容包括以下几个方面：（1）基本信息，区分被调查专家的专业熟悉程度。由专家根据以往研究经历判断对具体产业工程科技的熟悉程度，了解被调查者的研究方向、关注技术及其所属领域。（2）未来重点产业对工程科技发展的需求，基于前期研究中提出的中国2040年重点产业发展需求，设置若干半开放性问题，向专家征询"为实现这一发展目标，最重要的三项具体工程科技"，调查产业未来发展对工程科技需求的方向，并通过多轮调查和专家征询辅助收敛备选工程技术集。（3）工程科技发展现状和产业化前景，针对专家提出的产业发展需要实现的工程科技，从实现时间、重要程度、预期效果、与国际水平比较、实现的制约因素、促进开发的途径、促进开发的主体、国家应采取的措施等方面，调查工程科技发展现状水平、与发达国家的相对差距，未来趋势和产业化等技术应用展望。问卷设计思路如图4—3所示。

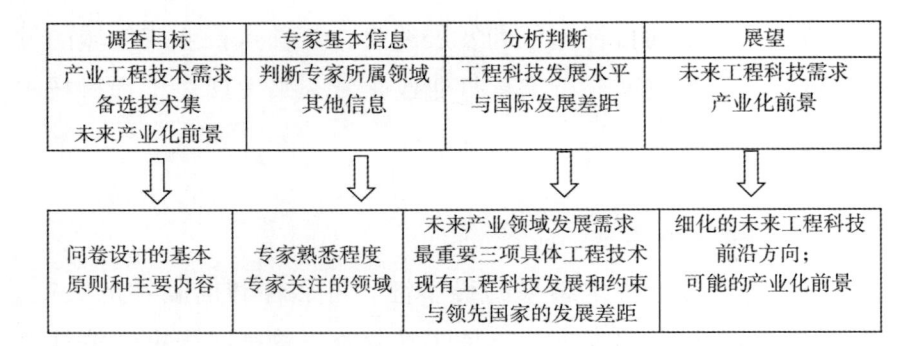

调查目标	专家基本信息	分析判断	展望
产业工程技术需求 备选技术集 未来产业化前景	判断专家所属领域 其他信息	工程科技发展水平 与国际发展差距	未来工程科技需求 产业化前景
⇓	⇓	⇓	⇓
问卷设计的基本 原则和主要内容	专家熟悉程度 专家关注的领域	未来产业领域发展需求 最重要三项具体工程技术 现有工程科技发展和约束 与领先国家的发展差距	细化的未来工程科技 前沿方向； 可能的产业化前景

图 4—3　调查问卷基本内容

资料来源：课题组绘制。

（三）专家访谈法

组织战略科学家、行业专家、技术专家、企业专家、经济学家、社会学家进行圆桌讨论和深度访谈，一是明确未来重点产业发展趋势和主要方向，二是对不同维度的工程科技需求调查结果进行整合与收敛，形成专家综合判断。其中，多层次专家的筛选和过程管理是本书需要解决的关键问题。

整体来说，本书以未来愿景为起点，以通过预测和愿景分析设定好的未来发展场景为前提，分析现有资源、工程科技发展的约束下，从国家发展和公众需求的角度来分析未来对于相关产品或服务的需求，从而推导出生产相关产品或服务所需要的对应工程科技，进而进行对工程科技需求和产业化前景的分析。

第 五 章

2040年中国经济发展预测及愿景分析

第一节 2040年中国经济发展预测研究

一 国际经济社会发展趋势分析

改革开放以来,中国经济飞速发展,并取得举世瞩目的巨大成就。但近年来,制约中国经济发展的各种问题与潜在因素凸显出来;当今全球经济、科技、金融、资源能源和国际治理体系将发生重大变革,中国参与全球科技治理的程度将持续加深。新一轮科技革命和产业变革加速演进,为中国利用国际创新资源和实现跨越式高质量发展带来重要契机。当前国内经济下行压力日益增大,资源生态环境约束不断强化,人口红利逐渐消失,经济社会发展处于转型的关键时期。新冠肺炎疫情对国内和全球经济发展都造成了不利的下行影响,外部环境更加趋紧,中国同主要创新大国竞争合作的格局更加日益复杂,中美科技合作关系面临进一步恶化的可能。在如此复杂的国内外背景下,合理预测未来的经济社会变化和形态,对于科学地预测未来的经济社会发展对工程科技发展的需求,以及客观地分析工程科技发展对经济社会发展的影响,对于保障中国工程科技更好地服务于国家经济社会发展、更加符合国家的发展战略,具有重要的现实意义。

　　当前及未来20年里，世界将面临新的发展形势与政治经济格局的重大调整，中国经济发展面临新的外部环境。第一，全球经济持续增长，经济格局加速调整。未来发达经济体需求持续疲软，新兴经济体经济增长收缩，最不发达国家增长放缓，全球经济中低速增长是长期趋势。新兴经济体在全球产出中的占比将不断上升，推动全球经济构成出现重大变化。各国之间人均GDP的差异将缩小，但差异仍将巨大。新一代技术革命正在孕育突破，为全球经济发展注入新的动力的同时也带来新的挑战。第二，全球人口将持续增长，老龄化问题日益严重，但人力资本将会得到不断改善。《世界人口展望：2015年修订版》预计，全球人口2030年将达到85亿，2050年达97亿，2100年则增至112亿；在未来半个世纪中，大多数国家的劳动年龄人口比例将会减少（平均减少约9个百分点），但劳动力质量的提升有助于缓解老龄化带来的冲击。第三，新兴市场国家快速发展，世界格局多极化趋势加深。亚洲国家不同批次的持续撑托使得其呈现整体性崛起态势，亚洲在国际政治领域的影响力不断上升。新兴市场国家快速崛起，与发达国家力量差距逐渐缩小。美国综合实力依然突出，其他大国不同程度持续发展，国际格局多极化趋势发展更显深入。第四，全球能源需求持续成长，能源结构趋于平衡，低碳能源发展迅速。《世界能源展望2014》预测，到2040年，全球能源需求与2014年相比将增长37%；化石燃料仍是主导性能源，天然气需求量持续增长，可再生资源发展迅速，世界能源结构趋于均衡；全球经济产出与能源相关的温室气体排放之间的关联大大削弱，但是尚未完全脱钩。第五，全球生态环境持续恶化。全球平均气温继续升高，生物多样性衰减加快，水资源紧缺，大气污染进一步恶化，严重威胁人类健康，并会使贫困加剧。第六，恐怖主义使安全形势更加严峻。当前由于主要大国之间利益分歧难以弥合，民族主义与孤立主义抬头,全球化带来的贫富差距激化国家与社会矛盾,恐怖主义威胁层出不穷,一些脆弱政权国家的不稳定性持续,未来20年世界范围内冲突的风险将不断上升,全球反恐形势存在持续恶化的可能。

二 中国经济社会发展现状及阶段性判断

当前中国已步入新的发展阶段。中国达到中等偏上收入国家水平,但与工业化国家仍存在巨大差距;工业化已进展到工业化后期,即将完成工业化进程;从劳动力来看,刘易斯拐点已经到来,人口红利期已经结束;城市化已经从快速推进阶段转为稳步发展阶段;经济发展已经从高速增长期进入增长速度换挡期,中高速经济增长将成为"新常态"。

从经济发展的内部环境来看,中国已具有较好的发展基础,同时面临诸多挑战和新的发展机遇。目前,中国制造业规模已位居世界首位,并已形成涵盖各类加工制造业和装备制造业的比较完备的制造业体系;中国基础设施水平处在发展中国家前列,在部分领域甚至已超过一些发达国家,这些为中国经济发展提供了极大便利。但是,中国制造业成本优势正面临严峻挑战,劳动成本、环境保护成本与土地成本正在快速上升;生态环境的约束不断强化,节能减排的压力巨大。中国全面深化体制机制改革,并实施"一带一路"倡议及新兴城镇化、"中国制造2025"、京津冀协同发展、粤港澳大湾区等战略则为中国经济发展带来新的机遇。

中国正面临新的外部挑战。全球投资与贸易规则的调整,对中国产业参与国际竞争的方式产生深刻的影响,对中国在全球制造业竞争体系中的比较成本优势形成冲击。发达国家实施再工业化战略,试图强化发达国家在新兴产业、先进制造领域的竞争优势,并削弱中国传统制造业的成本优势。越南等后发国家加快推进工业化进程，对中国中低端制造业产品在全球市场的竞争力带来严峻挑战。新工业革命的孕育发展也可能对中国的传统比较优势带来冲击，并有利于发达国家形成新的竞争优势，这也会为中国经济发展带来新的挑战。

三　2040 年中国经济总量及重点产业发展预测

依据中国经济—能源—环境—税收动态可计算一般均衡（CN3ET - DCGE）模型对 2040 年中国经济增长进行预测分析。该模型主要包括生产模块、贸易模块、居民收入和需求模块、企业模块、政府收支模块、均衡闭合模块、社会福利模块、环境模块和动态模块等。模型所需数据来自最新的投入产出表、《中国经济统计年鉴》、《中国财政统计年鉴》、《中国税收年鉴》、海关统计数据等。主要预测结论如下：

（1）在基准情景下，2016—2020 年、2021—2025 年、2026—2030 年、2031—2035 年和 2036—2040 年五个时期 GDP 年均增长率分别为 5.8%、5.9%、5.0%、4.6% 和 4.2%。在增长较快情景中，如果中国稳步推进城镇化，促进制造业转型与升级，增强产品国际竞争力，并且进一步加大财政性教育经费在 GDP 中的比重，提高劳动者素质，加强研发投入，提高产品附加值，全面深化市场化改革，那么中国在 2016—2020 年、2021—2025 年、2026—2030 年、2031—2035 年和 2036—2040 年五个时期，可能保持年均 5.9%、6.4%、5.7%、5.3% 和 4.8% 的较快增长率。在增长较慢情景中，2016—2020 年、2021—2025 年、2026—2030 年、2031—2035 年和 2036—2040 年五个时期的 GDP 年均增长率分别为 5.7%、5.5%、4.4%、3.7% 和 3.1%。因此，尽管中国经济增长率呈现逐渐下降的趋势，但整体上中国经济仍然能够保持平稳、较快的发展态势。

（2）2020—2040年，实际利用的资本存量、劳动力、全要素生产率三个因素对GDP增长的贡献率总趋势为：资本存量对经济增长的贡献率逐渐下降，其平均贡献率在"十四五""十五五""十六五"和"十七五"期间分别为74.25%、70.81%、67.41%和63.90%；劳动力对经济增长的贡献也逐渐下滑，其贡献率从2020年的1.88%逐渐下滑到2040年的-2.07%；全要素生产率对及经济经济增长的贡献率不断提高，其平均贡献率在"十四五""十五五""十六五"和"十七五"期间分别为24.19%、28.63%、33.45%和37.84%。

（3）在基准情境下，2040年中国不变价GDP规模将为2010年的13.59倍、2015年的5.38倍、2020年的2.66倍。2020—2040年，国民经济的增长不仅表现在总量的迅速增加，而且也将使得经济结构发生重大改变，这是由于三次产业的增长速度不同，经长期积累从量变到质变的结果。在未来20年中，三次产业在经济总额中的比重呈现平稳变化的发展趋势，第一产业占比基本稳定，仅仅下降约1.8个百分点；第二产业占比则下降近10个百分点；第三产业一直保持其在国民经济中的最大份额，并在2029年超过60%，其在国民经济中处于绝对支配的地位进一步得到巩固和加强。2040年，三次产业增加值在国民经济中的比重分别为7.0%、27.2%和65.8%。

（4）2020—2040年，中国的经济增长动力及其结构也将发生显著变化，其中从消费结构上看，农村居民消费和城镇居民消费在最终消费中的占比将逐年增加，尤其是城镇居民消费占比增长显著；而政府消费在总消费中的比重则逐年下降。从经济增长动力上看，未来20年内，以投资拉动型为主的经济增长将逐步改变为以消费需求为主导的发展新阶段；消费增长（尤其是居民消费增长）将成为未来中国经济增长和发展的主要动力。

（5）各部门的发展速度及其变化是各不相同的。农业一直以比较稳定的低速发展，在未来22年中从5.9%左右下降到2.3%左右；煤炭、采掘等行业以及这些部门对应的原材料加工业如建材冶炼等行业表现出相似的情况。石油、化工、电力等行业在2020年以前，在国民经济中占有重要地位，之后开始出现衰退。食品、轻纺等轻工业增速尽管一直低于GDP增速，但十分稳定，与GDP基本保持同步变化。机械工业、电子仪器仪表行业，由于资本与技术的高度密集，在未来国民经济中将发挥重要的作用，这些行业的发展速度将始终快于GDP的增长；作为第三产业的交通邮电、商业服务业、金融、保险行业在未来经济中扮演着领头羊的角色，这些行业的发展较快，对带动国民经济量和质的提高、促进经济结构调整，具有十分重要的作用。由于各部门增长速度不同，它们在国民经济中的地位也随之发生变化。一些原来在国民经济中比重较高的行业，如农业、食品、纺织、建材和化学工业等传统行业，随着工业化的逐步完成和第三产业的崛起，其在国民经济中的份额逐渐下降，代之而起的是一批资本和技术高度密集的新型产业，如交通运输设备制造业、电子及通信设备制造业、金融保险业等。

（6）2020年、2030年和2040年，中国人均GDP将分别达到7.5万元、14.6万元、24.3万元，折合成美元分别为1.1万美元、2.0万美元和3.5万美元。按照国际发达国家收入标准，2040年中国将进入发达国家行列。

四 2040年中国居民消费水平及结构预测分析

消费既是经济发展的结果，又是经济增长的动力。消费结构是一个多层次、多角度的经济范畴，一方面消费结构由居民的自主消费活动决定，从而影响消费、积累的比例关系，进而影响国民经济的持续发展；另一方面消费结构决定了需求结构，并通过产业结构最终对宏观经济产生影响。加强消费愿景分析，明确消费发展趋势对于优化资源配置具有重要现实意义。

就本质而言，对标分析是参照领先者或先行者的发展轨迹来确定自身未来发展的方向，对标分析起源于微观企业层面，由于方法的独特优势应用领域不断扩张，逐步在宏观经济分析中得到应用。消费演化呈现出很强的客观规律性，这种规律性主要体现在人类需求层次和结构变化的客观性，消费结构和生产结构的现实演进提供了有力的支撑，消费演化的内在一致性决定了以先行国家为参考的对标分析成为消费愿景研究的重要方法。相关理论和研究表明，代表收入水平的人均 GDP 是决定消费水平和消费结构最为重要的因素。

本研究较为全面梳理消费相关研究、对标分析的理论方法以及中国现阶段居民消费特点，在此基础上选择了美国、英国、德国、法国和日本五个发达国家为参考，以人均 GDP 为指标进行居民消费分析，重点研究中国 2040 年消费水平和消费结构的趋势变化。目前，中国消费率为 40% 左右，与发达国家依然存在较大差距，实物消费的比重偏高，消费具有很强的温饱型的特点，同时城镇居民与农村居民平均消费水平差异相当明显，而在可支配收入中储蓄率处于较高水平，随着经济发展水平的提升中国居民消费具有较大的上升潜力，以居民消费为主体的内部需求还有待进一步释放，合理引导需求仍是政策的主要着力点。根据 CN3ET – DCGE 模型，结合中国相关规划要求，在基准情景下 2040 年中国人均 GDP 有望达到 3.5 万美元，与美国 1999 年、英国 2003 年、德国 2005 年、法国 2008 年、日本 2010 年的水平接近。通过相应年份对标国家消费特征的分析，在相应的经济发展水平下人均消费水平约为 2 万美元，人均消费增速普遍在5%左右。综合对标国家相应年份消费结构，并结合中国消费增长的趋势变化，可以预测2040年中国人均消费领域的支出情况：租金、水、燃料和电力消费约为5438.4美元，占比为26.3%；交通通信消费约为3360.8美元，占比为16.3%；食品、饮料、香烟消费约为3217.7美元，占比为15.6%；娱乐、教育、文化服务消费约为2581美元，占比为12.5%；医疗保健消费约为1677.5美元，占比为8.1%；家具、家庭器具、家庭杂费消费约为1101.9美元，占比为5.3%；衣物与鞋类消费约为958.9美元，占比为4.6%。通过对标及预测分析，未来一段时期，租金和能源消费将迎来快速上升，交通通信和文化教育需求也将成为消费上涨的重点领域。此外，食品领域消费依然存在较大空间。

第二节 2040年社会发展愿景分析

一 人口发展愿景

（一）中国人口发展现状及主要挑战

中国人口发展的内在动力与外部条件均发生明显变化，进入关键转折期，主要表现为：人口总量保持平稳增长，人口增速明显下降并低于世界平均水平；总和生育率持续处于较低水平，接近国际公认的"低生育率陷阱"；人口老龄化程度持续加深，劳动年龄人口数量及比重连续七年双降；人口健康水平与素质能力稳步提升，超过全球平均水平；城镇化快速推进，人口流动规模趋于平稳。

与此伴随面临的风险与挑战也较为突出，"少子化"与"老龄化"同步提速，养老负担日益加剧；传统人口红利逐步减弱，劳动力结构性短缺和老龄化日益显现；人口综合素质有待提高，尚不足有效对冲劳动力供给下行压力；人口发展不平衡不充分问题凸显，易于激发更大社会矛盾；人口信息动态监测和预测系统尚不健全，国家人口发展战略尚不明晰。

（二）2040 年中国人口发展预测

关于人口发展预测，国际上以联合国特别是人口司最为知名，发布了《世界人口展望》《人类发展报告》及人类发展指数（HDI）、《世界城镇化展望》等相关报告。国内包括中国人口与发展研究中心及其编写的《中国人口展望（2018）》、复旦大学人口与发展政策研究中心及其构建的数据平台——中国人口展望等。此外，多位学者们也开展了颇多的自主研究，形成了丰富的研究成果。

本研究拟对 2040 年中国人口发展进行预测，借鉴使用《世界人口展望》及《中国人口展望（2018）》中相关预测结果，基于历史统计数据，根据国内外官方机构、权威智库及学者们对未来趋势判断，结合中国人口自身发展特征及将面对的内外部影响因素，开展趋势外推。预测结果表明：

第一，人口总数将于 2030 年前后达到峰值后进入负增长阶段，人口增长势能明显减弱。中国未来进入人口负增长已是必然趋势，其中 2030 年前后将成为人口增长"由正转负"的峰值拐点，2040 年人口总数将降至约 14.3 亿。

第二，老龄化程度持续加深，劳动力短缺及劳动力结构老龄化趋势更加明显。21 世纪前半叶中国老年人口规模及比重快速攀升，2040 年 60 岁及以上老年人口将接近 4.3 亿，占比突破 30%；65 岁以上老年人口占比接近 1/4。15—59 岁劳动年龄人口规模及占比持续下降，2040 年将分别降至 7.9 亿和 60.0%；劳动力年龄结构老龄化发展，45—59 岁劳动年龄人口占比持续上升，2040 年将达到 40%最高峰；44 岁及以下尤其是 25—44 岁中青年劳动力规模和比重降幅明显，2040年将分别降至3.2亿和22.6%。

第三，生育率处于较低水平，实现"1.8"的总和生育率目标面临较大压力。众多研究表明，中国生育率将继续回落并在未来较长时间内保持低水平。为维持人口良性发展，《国家人口发展战略研究报告》《"十三五"卫生与健康规划》等均将总和生育率由较低水平提高并维持在1.8作为重要人口发展目标，但结合国际经验及中国实际，2040年实现"1.8"压力较大。

第四，人口健康水平与素质能力稳步提升，加快人口大国向人力资源强国转变。根据"十三五"规划纲要目标：人均预期寿命2020年为77.3岁，2030年为79.0岁；劳动年龄人口平均受教育年限2020年为10.8年。"健康中国2030"指出中国人均预期寿命2030年将达到79岁，此后每5年增长1岁，故预计2040年将接近80岁；按照近年来的年均增速，预计2040年6岁及以上人口平均受教育年限将为10.8年，劳动年龄人口将为14.9年。

第五，城市化水平继续提高，人口主要向大城市群集聚。中国城镇化水平与发达国家相比仍有差距，预计2040年城镇化率将提升至75%左右。发达国家人口流动经验和城镇化历程表明，城市化不断推进，人口将随着产业发展持续向大都市圈集聚。同时城市群已日益成为中国新型城镇化的主体形态，因此2040年人口向城市群流动趋势将更加凸显。

二 社会发展愿景

经济社会的发展，最终目标是为了实现人的全面发展、社会全面进步、民生的持续改善和人民福祉的不断提升。到2040年，中国已基本实现现代化，社会结构、社会形态、利益格局和人们的行为方式、生活方式、社会心理都将发生深刻变化。

第一，中国将整体进入高级城市型社会，城镇化格局日趋合理。当前，中国仍处于农业社会向工业社会、乡村社会向城市社会、传统社会向现代社会转型的历史进程之中。2019年，中国的城镇化率（常住人口城镇化率）达60.60%，但户籍人口城镇化率仅为44.38%，全国人户分离人口2.80亿人。推进以县城为重要载体的新型城镇化，有助于农业转移人口能够享受到与城镇居民同等的基本公共服务，真正融入城市。结合近年来中国城镇化发展进程，参考发达国家普遍80%左右的城镇化率，到2040年中国常住人口城镇化率将达到75%，户籍人口城镇化率约65%，整体进入高级城市型社会，形成以城市群为主体、大中小城市、小城镇协调发展的城市格局。

第二，中国人口老龄化速度较快，且趋势不可逆转。自2000年中国65岁及以上的人口比例达到7%起，我国已步入老龄化社会。2019年，中国老年人口进一步增长，达到17603万人，65岁以上老年人口占比升至12.6%。从变化趋势来看，2000—2010年我国65岁及以上的人口占比年均增加0.19个百分点，2011—2019年年均增加0.39个百分点，老龄化速度越来越快。如果延续这个速度，到2040年我国65岁及以上人口占比将超过20%，接近超老龄社会标准（65岁以上人口占比21%）。

第三，城乡居民收入差距显著缩小，就业结构持续优化。中国城乡居民人均收入倍差自2007年（改革开放以来最高值3.33）以来持续下降，2019年城乡居民收入倍差为2.64，比上年缩小0.05。城乡收入差距大的根源在于就业结构与产值结构的扭曲，2019年农业就业人口占比为26.56%，农业增加值占GDP的7.1%。目前，美国城乡收入倍差在1.1—1.2之间，农业就业人口比重与农业增加值比重大致相当，均约为1%。因此，要缩小城乡收入差距，必须推动就业人口从农业向第二、第三产业转移。根据近年来城乡差距缩小的态势，到 2040 年城乡居民收入倍差大致可以降至目前世界平均水平（1.6）。

第四，中等收入群体比例明显提高，橄榄形社会结构初步形成。从社会阶层结构来说，橄榄形社会的形成意味着中等收入群体成为中坚力量。欧美等发达国家已形成橄榄形社会结构，中等收入群体的比重达到 60% 以上。根据中国社会科学院社会学研究所 2015 年开展的全国社会状况综合调查（CSS2015）结果，中等收入群体所占比重为 37.4%。如果按照每年流动 1 个百分点推算，到 2040 年中国中等收入群体比重将达到 62%。如果收入流动达不到这个速度，那么橄榄形社会的形成就得继续往后推迟。

第五，服务型政府基本建成，公共服务支出大幅增加。2019 年，中国用于三项基本公共服务（包括教育、医疗卫生和计划生育、社会保障和就业）的公共支出占财政总支出的比重约为 34%。目前，OECD 国家社会性公共服务支出占公共支出的比重约为 60%。到 2040 年，中国要基本实现国家治理体系和治理能力现代化，就必须继续大力推进政府职能转变，明确公共服务在政府职能中的主导地位和核心地位，继续加大对社会保障、教育、医疗等社会性公共服务的投入力度，增加公共支出中用于基本公共服务支出的比例。如果按照每年增加 2—2.5 个百分点的速度增长，到 2040 年，中国基本公共服务支出占公共支出的比重将达到约 55%。

第三节 2040 年科技发展愿景分析

一 科技发展愿景

科技创新是一个国家和民族发展的不竭动力，改革开放以来尤其是党的十八大以来，与代表性世界科技强国相比，中国在科技创新的整体能力、科技投入、经济发展和市场需求的牵引力、科技人力资源等方面进步显著，且发展势头强劲。科技创新整体能力显著提升，科学研究和技术创新能力不断增强，重大创新成果不断涌现，企业创新主体作用日益凸显。科技投入稳步提升，全社会 R&D 经费投入、支出总量逐年增长，企业逐步成为中国 R&D 经费的主要来源。重大科技基础设施和条件平台建设不断优化，科技发展的支撑条件日益完善。

但是，与建设世界科技强国"三步走"战略的宏大目标和世界科技强国的发展现状相比，中国科技创新的整体水平还有很大差距。基础科学短板依然突出，原始创新能力不强。基础研究投入与发达国家差距明显，企业对基础研究重视不够。重大原创成果缺乏，对世界科学前沿发展贡献尚显不足。关键技术受制于人的局面没有根本改变；科技前沿领域前瞻性布局不足，科技聚焦产业发展瓶颈和国家重大需求不够，科技力量在面向世界科技前沿、面向经济主战场、面向国家重大需求方面的布局还不足，技术研发聚焦产业发展瓶颈和需求不够，科技成果转化能力不强。国家创新体系不够完善，创新主体未能形成合力。科技管理体制有待深化，尚不适应未来科技发展需求。人才发展体制机制还不完善，激发人才创新创造活力的激励机制还不健全，创新人才的积极性、创造性还没有得到充分发挥。顶尖人才和团队比较缺乏，科技人力资源强度与发达国家差距明显，人才在全球范围内的竞争力水平还有待提高，高水平创新人才不足，特别是科技领军人才匮乏问题较为突出，青年人才难以脱颖而出。科学文化建设不足，全社会鼓励创新、包容创新的机制和环境有待优化。

因此，结合美国、日本等发达国家科技愿景预测的结果，立足于中国科技创新发展的实际，到 2040 年，中国应当成为全球化的中国、创新的中国和智能化的中国。基于此，我们提出面向 2040 年的科技愿景：第一，科学研究将出现重大突破和纵深发展。随着新的工具和技术的出现，人们对客观物质世界的认识将会上升到前所未有的高度，科学研究本身将出现整体化、趋势化和综合化，一些新的综合性科学，乃至新的科学体系也开始出现。前沿技术多点突破和多技术群簇集中出现且技术生命周期更短。新一轮科技革命的主导技术会以技术群落的形式呈现，科技创新多元深度融合和学科界限模糊。第二，科研和创新活动理念及组织模式的深刻变革，科研和创新活动向个性化、开放化、网络化、集群化方向发展，催生越来越多的新型科研机构和组织。第三，信息技术深入各行各业，以信息技术产业为代表的高技术产业的发展将促进以物质生产和服务为主的经济发展模式转变为以信息生产和服务为主的经济发展模式。第四，生物健康技术为人类健康带来突破，生物技术在食品生产中的应用使得农业生产力大幅度提高，基因工程在医学中的应用将促进生活质量提高和全球健康水平提升。第五，先进材料和制造技术带来工业部门的革命，促进制造业、现代服务业等产业升级，实现"中国制造"到"中国创造"的跨越。第六，空间技术提升空间服务效率，各类人造地球卫星和载人飞船广泛应用于经济建设、科技发展、国防建设和社会进步，将在增加国家经济实力、科技实力、国防实力和民族凝聚力方面发挥重要作用。第七，地球工程技术改善生态环境。通过地球工程技术，人们可以大尺度干预地球气候，包括可能对气温、降水量和风暴系统等造成的影响。

二 信息发展愿景

2040 年前后是全球第五轮康波与第六轮康波的交汇期，新一轮科技革命和产业变革将给全球经济增长注入新动能，新一代信息技术将在其中扮演重要角色。当前,全球各主要经济体均将发展信息技术作为国家战略重点,抢占新一代信息技术高地是中国发展的战略要求。总体来看,目前中国信息技术领域仍处于追赶状态,新信息技术的普及和应用还存在难度,加快推进信息技术和信息产业发展具有非常强的现实必要性。从信息消费市场来看,中国信息消费潜力巨大且规模将持续攀升,信息消费多元化趋势明显且消费结构不断得到优化,同时信息消费对经济增长的带动作用将持续性增强,但目前中国信息消费仍存在企业信息消费不足、信息消费安全领域发展滞后、有效供给创新不足、类型单一、农村消费层次还相对较低等问题。从新一代信息技术发展来看,"云大物移智"技术发展日益成熟,工业技术与信息技术正在实现高度融合,新一代人工智能健康有序发展并发挥出显著头雁效应,区块链产业发展势头迅猛且与实体经济融合速度加快,但目前新一代信息技术产业发展也存在安全和风险、统一标准的制定和执行、传统企业对新一代信息技术的认知接受等问题。从经济基础设施智能化来看,中国智能硬件终端领域目前处于高速发展阶段,新一代信息基础设施在经济社会中的重要性日益提升,"新基建"助力形成新的社会运行操作系统,万物互联关键技术逐步成熟,中国智能经济时代初现雏形,但目前经济智能化发展存在新一代人工智能相关技术中未能得到充分应用、数据质量不高、智能化安全问题等问题。

在对信息领域现状和问题进行深入分析的基础上,充分结合已出台的国务院和相关政府部门发布的国家战略和相关发展规划文件,同时,通过整理和分析国内外的大量信息技术相关文献,形成对信息技术发展趋势的科学认知和评判,并结合国内外权威咨询报告的研究成果,了解和掌握目前信息技术发展态势及其他机构对其未来预测情况,着重分析了全球著名未来学家和领域内专家学者关于未来10—20年发展的预测研究。基于此,我们认为,我们将进入一个万物智联的智能化时代。第一，高速信息网络无时无处不在。2040年，新一代网络技术不断演进，9G大规模商用和物联网的快速发展让无时无处不在的网络信息环境成为常态，网络触角将延伸到所有领域。无时无处不在的网络信息环境将为人们提供丰富、高效的工具和平台。第二，产业发展高度数字化。2040年中国信息消费规模在48万亿元左右，信息技术在消费领域的带动作用显著增强，拉动相关领域产出达到120万亿元。新一代信息技术极大地改造了传统产业，推动产业向网络化、智能化、服务化、协同化、生态化方向加速转变。第三，基础设施高度智能化。2040年全球基建项目投资需求将增至97万亿美元，中国的基建投资将达到约26万亿美元。中国基础设施建设的主要方向就是智能化，基础设施智能化主要体现在交通、物流、水电、建筑等领域。第四，公共服务高度普惠化。新一代信息技术促进资源共享和优化配置，社会管理及服务水平将得到显著跃升，公共服务内容及方式加速创新，以人为本、普惠包容成为公共服务的特点。新一代信息技术不断发展，推动建立跨部门跨地区业务协同、共建共享的公共服务信息体系。

第四节　2040年能源生态发展愿景分析

一　能源发展愿景

能源供给保障与绿色高效可持续发展始终是中国面临的重大挑战之一。2019年中国能源消费、生产总量均有所突破。能源供应方面，2019年中国能源生产位居世界第一。能源消费方面，2019年中国能源消费总量达到48.6亿吨标准煤，煤炭消费量占能源消费总量的57.7%，清洁能源消费量占能源消费总量的23.4%。

中国能源面临的主要问题是能源安全问题、能源结构性问题和环境影响问题。中国的能源安全问题集中体现在石油安全问题或油气安全问题，中国的能源问题本质上是结构性问题。中国能源结构和巨大的消费总量，对生态环境施加了非常大的压力。中国能源发展面临油气供应依赖国际市场对能源安全形成一定的挑战，以及环境保护对能源生产的压力持续存在、提高非煤清洁能源比例的经济成本等挑战。

根据相关机构的预测结果以及国际与国内对能源转型形式的分析，本研究建立了"人口—经济—能源—环境"分析系统，通过构建中国能源模型系统（CEMS），提出了2040年中国能源发展愿景：一是将在2030年之前达到峰值。随着人口总量达峰和工业化、城镇化的逐渐完成，中国能源消费总量和生产总量以及温室气体排放总量都将在2030年之前达到峰值，之后将保持稳定甚至有所下降。二是能源消费结构将出现较大变化。煤炭比例进一步降低，石油比例基本维持稳定，天然气比例将有较大幅度上升，核电、水电比例基本稳定，可再生能源比例也将有所上升。三是能源生产结构将会出现较大变化。煤炭比例进一步降低，石油比例基本维持稳定，天然气比例将有较大幅度上升，核电、水电比例基本稳定，可再生能源比例也将有所上升。四是能源安全趋于稳定。随着美国页岩油、页岩气产量和出口量的增加，以及澳大利亚等地增加LNG的出口能力，中国的能源安全总体形势趋于稳定。五是能源消费的产业结构将出现较大变化。工业消费所占比例过高的情形将会扭转并趋于正常水平，交通消费、家庭消费的比例将会提高。六是能源基础设施形成网络化。能源基础设施网络全面覆盖城乡，综合能源系统大规模发展，能源综合利用体系的建设将成为新趋势。此外，综合交通能源体系快速发展，以零碳、低碳建筑设计大幅度减少建筑能耗，燃料电池与储能技术的发展将成为新兴产业。

二 生态环境发展愿景

党的十九大提出要在2035年基本实现社会主义现代化,其中一个重要内容是"生态环境根本好转,美丽中国目标基本实现"。在过去十余年中,特别是自党的十八大以来,中国已建立起一个比较完整的生态环境保护制度体系。基于生态环境与经济发展之间关系的演化趋势,结合未来经济结构变化、技术水平改善等诸因素,可对2035年中国生态环境总体形势及二氧化硫、工业废气、废水、化学需氧量、工业固体废弃物等主要污染物排放及碳排放变化趋势作出如下判断:

一是中国的生态环保技术将不断进步。随着国家对生态环境保护的日益重视、生态环境规制的日趋严格、生态环保投入的不断加大、生态环保技术研发与市场关联度的不断上升,中国在生态环保技术领域的自主创新能力将不断增强,涌现出一批具有基础性、开拓性、颠覆性的技术创新,部分关键设备和核心零部件不再受制于人。生产企业将普遍增加环保相关技术、设施和工艺的改造投入,生产部门的生态环保技术水平会得以持续改善。

二是主要污染物排放与经济增长之间呈现环境库兹涅茨曲线关系或脱钩关系,生态环境质量将持续改善。随着生态环保技术,特别是节能、节水以及脱硫等技术普及率和水平的不断上升,单位GDP的主要资源消耗量及污染物排放量必然持续下降。2017—2035年中国的人均GDP将不断上升,会对各种污染物排放产生规模效应。技术效应将成为污染减排的重要因素。同时,第二产业比重将不断下降,其带来的结构效应有助于污染排放的下降。在此期间,化学需氧量、工业固体废弃物、废水、工业废气、碳排放与人均GDP之间都表现出显著的倒"U"形曲线关系,二氧化硫与经济增长之间则将呈现脱钩关系。

三是按当前技术进步趋势，技术效应和结构效应将逐渐主导污染排放变化趋势，但对不同污染物的减排效果差异显著。在结构效应和技术效应的主导下，二氧化硫、化学需氧量、工业固体废弃物、废水从 2017 年开始，都已进入持续缓慢下降阶段。结构效应和技术效应对废气的抑制作用也将在不久的将来超过经济增长带来的规模效应。废气在 2020 年将达到峰值水平，随后进入持续缓慢下降阶段，其 2035 年和 2040 年的排放水平分别约相当于 2015 年的 96.1% 和 92.7%。

四是加速进步的生态环保技术将是实现美丽中国目标最重要的助推器。按当前的技术进步水平，工业固体废弃物、废水、工业废气排放将长期保持缓慢下降的趋势，可能达不到美丽中国目标的要求。如若资源节约和环保水平能加速进步，使得上述各污染物与人均 GDP 二次项的系数增加 1 倍，则工业固体废弃物、废水、工业废气排放的下降速度会显著加快，其 2035 年工业固体废弃物、废水、工业废气排放将分别相当于 2015 年水平的 83.2%、83.1%、83.8%。如若技术进步使得上述各污染物与人均 GDP 二次项的系数增加 2 倍，则工业固体废弃物、废水、工业废气排放的下降速度相对于趋势外推情景会显著加快。2035 年工业固体废弃物、废水、工业废气排放将分别相当于 2015 年水平的 70.7%、71.8%、71.5%。

五是从中国自身的碳减排努力和主要发达国家碳排放历史变化看，2024 年中国碳排放达峰存在较大可能性。2024 年，中国的人均 GDP 达到 1.3 万美元，第二产业比重约为 35%。比较可知，中国碳排放达峰时，人均 GDP 水平与英国碳排放达峰时比较接近但略高于后者；第二产业比重则与日本、意大利、西班牙碳排放达峰时接近。碳排放在 2024 年将达到峰值水平，随后进入持续缓慢下降阶段，其

2035年和2040年的排放水平分别约相当于2015年的98.6%和95.8%。当然，如前所述，这在很大程度上取决于中国能否利用后发优势，不断提升自己的技术水平。

第六章

基于国家重大战略的工程科技发展需求分析

第一节 基于国家重大战略的关键科技领域需求分析

经济社会发展目标是多层次的,既有经济增长、生活改善目标,也有资源环境、社会发展目标,各种目标综合构成了国家发展的战略需求。战略目标的实现需要技术发展的保障,战略目标对技术发展提出了具体需求,从而成为技术发展的约束条件。国家发展战略目标成为中国产业工程科技发展的重要基准,也是中国产业工程科技创新的基本要求。在此基础上,有关部门也出台了一系列专项战略规划,对各领域总体战略目标实现提出了具体要求。本研究通过对现有的国家战略和部门、行业发展战略进行全面梳理和总结,明确中国中长期发展的战略目标要求,并通过国家重大战略对重点行业发展的目标定位和发展约束分析,推断出重点行业发展对工程科技的需求。

制造业是兴国之器、立国之本、强国之基,在国民经济中占主体地位,为把中国建设成为引领世界制造业发展的制造强国,国家颁布了《中国制造2025》,这是中国实施制造强国战略第一个十年行动纲领。立足全局、面向全球,中央制定创新驱动发展战略在新时代、新征程具有聚焦关键、带动整体的重大战略作用。为加快实施创新驱动发展战略，相关部门纷纷出台加快科技创新的政策文件，一系列政策文件形成了中国产业工程科技需求战略目标的约束体系。本研究选取国家相关部门在党的十八大以后发布的在科技创新领域的政策文件以及习近平总书记针对科技创新的重要讲话（见表6—1），同时梳理每个政策文件或讲话中提及的对重点领域的相关规划，最终凝练出重点行业或领域的关键技术需求。

表6—1　国家重大战略和习近平总书记讲话中对关键科技领域的需求

名称	发布时间
《中国制造2025》	2015年5月
《国家创新驱动发展战略纲要》	2016年5月
《为建设世界科技强国而奋斗——习近平在全国科技创新大会、两院院士大会、中国科协第九次全国代表大会上的讲话》	2016年5月
《"十三五"国家科技创新规划》	2016年7月
《决胜全面建成小康社会　夺取新时代中国特色社会主义伟大胜利——在中国共产党第十九次全国代表大会上的报告》	2017年10月
《习近平：在中国科学院第十九次院士大会、中国工程院第十四次院士大会上的讲话》	2018年5月

一　《中国制造2025》对关键科技领域的需求

改革开放以来，中国经济持续快速发展，中国制造业成为支撑经济社会发展的重要支柱。虽然制造业门类逐渐齐全、产业链日益完善，但与世界一流制造业水平仍有较大差距。总体上大而不强，在自主创新能力、产业结构水平、信息化程度、资源利用效率、质量效益等方面仍存在诸多不足。要实现中国经济长久稳定的发展，亟须实现中国速度向中国质量的转变，中国制造向中国创造的转变，中国产品向中国品牌的转变，制造业实现高质量发展的任务紧迫且艰巨。2015年5月，国务院印发了《中国制造2025》，提出实现制造大国向制造强国转变的重大战略目标，通过"两化融合""三步走"实现，坚持质量优先、创新驱动、结构优化、绿色发展、人才为本方针，实施制造业智能制造、绿色制造、创新中心建设、工业强基、高端装备创新五大工程。《中国制造2025》尤其强调要瞄准新材料、新一代信息技术、生物医药、高端装备等十大重点领域，引导社会各类资源集聚，推动优势和战略产业快速发展。

在新一代信息技术产业领域，《中国制造2025》规划主要聚焦集成电路及专用装备、信息通信设备和操作系统及工业软件。其中集成电路及专用装备方面，要着力提升集成电路设计水平，不断丰富知识产权（IP）核和设计工具，突破关系国家信息与网络安全及电子整机产业发展的核心通用芯片，提升国产芯片的应用适配能力，掌握高密度封装及三维（3D）微组装技术，提升封装产业和测试的自主发展能力。在信息通信设备方面，要掌握新型计算、高速互联、先进存储、体系化安全保障等核心技术，全面突破第五代移动通信（5G）技术、核心路由交换技术、超高速大容量智能光传输技术、"未来网络"核心技术和体系架构，积极推动量子计算、神经网络等发展。在操作系统及工业软件方面，要开发安全领域操作系统等工业基础软件，突破智能设计与仿真及其工具、制造物联与服务、工业大数据处理等高端工业软件核心技术，开发自主可控的高端工业平台软件和重点领域应用软件。

在高档数控机床和机器人领域，《中国制造2025》强调要开发一批精密、高速、高效、柔性数控机床与基础制造装备及集成制造系统，加快高档数控机床、增材制造等前沿技术和装备的研发，以提升可靠性、精度保持性为重点，开发高档数控系统、伺服电机、轴承、光栅等主要功能部件及关键应用软件，加快实现产业化。围绕汽车、机械、电子、危险品制造、国防军工、化工、轻工等工业机器人、特种机器人，以及医疗健康、家庭服务、教育娱乐等服务机器人应用需求，积极研发新产品，促进机器人标准化、模块化发展，扩大市场应用。突破机器人本体、减速器、伺服电机、控制器、传感器与驱动器等关键零部件及系统集成设计制造等技术瓶颈。

在航空航天装备领域，《中国制造2025》强调要加快大型飞机研制，适时启动宽体客机研制，鼓励国际合作研制重型直升机，推进干支线飞机、直升机、无人机和通用飞机产业化，突破高推重比、先进涡桨（轴）发动机及大涵道比涡扇发动机技术，建立发动机自主发展工业体系。要发展新一代运载火箭、重型运载器，提升进入空间能力，加快推进国家民用空间基础设施建设，发展新型卫星等空间平台与有效载荷、空天地宽带互联网系统，形成长期持续稳定的卫星遥感、通信、导航等空间信息服务能力。推动载人航天、月球探测工程，适度发展深空探测。推进航天技术转化与空间技术应用。

在海洋工程装备及高技术船舶领域，《中国制造2025》强调要大力发展深海探测、资源开发利用、海上作业保障装备及其关键系统和专用设备，推动深海空间站、大型浮式结构物的开发和工程化，形成海洋工程装备综合试验、检测与鉴定能力，提高海洋开发利用水平。突破豪华邮轮设计建造技术，全面提升液化天然气船等高技术船舶国际竞争力，掌握重点配套设备集成化、智能化、模块化设计制造核心技术。

在先进轨道交通装备领域，《中国制造2025》强调要加快新材料、新技术和新工艺的应用，重点突破体系化安全保障、节能环保、数字化智能化网络化技术，研制先进可靠适用的产品和轻量化、模块化、谱系化产品。研发新一代绿色智能、高速重载轨道交通装备系统，围绕系全寿命周期，向用户提供整体解决方案，建立世界领先的现代轨道交通产业体系。

在节能与新能源汽车领域，《中国制造2025》强调要继续支持电动汽车、燃料电池汽车发展，掌握汽车低碳化、信息化、智能化核心技术，提升动力电池、驱动电机、高效内燃机、先进变速器、轻量化材料、智能控制等核心技术的工程化和产业化能力，形成从关键零部件到整车的完整工业体系和创新体系，推动自主品牌节能与新能源汽车同国际先进水平接轨。

在电力装备领域，《中国制造2025》强调要推动大型高效超净排放煤电机组产业化和示范应用，进一步提高超大容量水电机组、核电机组、重型燃气轮机制造水平。推进新能源和可再生能源装备、先进储能装置、智能电网用输变电及用户端设备发展。突破大功率电力电子器件、高温超导材料等关键元器件和材料的制造及应用技术，形成产业化能力。

在农机装备领域，《中国制造2025》强调要重点发展粮、棉、油、糖等大宗粮食和战略性经济作物育、耕、种、管、收、运、贮等主要生产过程使用的先进农机装备，加快发展大型拖拉机及其复式作业机具、大型高效联合收割机等高端农业装备及关键核心零部件。提高农机装备信息收集、智能决策和精准作业能力，推进形成面向农业生产的信息化整体解决方案。

在新材料领域，《中国制造2025》强调要以特种金属功能材料、高性能结构材料、功能性高分子材料、特种无机非金属材料和先进复合材料为发展重点，加快研发先进熔炼、凝固成型、气相沉积、型材加工、高效合成等新材料制备关键技术和装备，加强基础研究和体系建设，突破产业化制备瓶颈。积极发展军民共用特种新材料，加快技术双向转移转化，促进新材料产业军民融合发展。高度关注颠覆性新材料对传统材料的影响，做好超导材料、纳米材料、石墨烯、生物基材料等战略前沿材料的提前布局和研制。加快基础材料升级换代。

在生物医药及高性能医疗器械领域，《中国制造 2025》强调要发展针对重大疾病的化学药、中药、生物技术药物新产品，重点包括新机制和新靶点化学药、抗体药物、抗体偶联药物、全新结构蛋白及多肽药物、新型疫苗、临床优势突出的创新中药及个性化治疗药物。提高医疗器械的创新能力和产业化水平，重点发展影像设备、医用机器人等高性能诊疗设备，全降解血管支架等高值医用耗材，可穿戴、远程诊疗等移动医疗产品。实现生物 3D 打印、诱导多能干细胞等新技术的突破和应用。

二 《国家创新驱动发展战略纲要》对关键科技领域的需求

2016 年 5 月 19 日，中共中央、国务院印发了《国家创新驱动发展战略纲要》（以下简称《纲要》），《纲要》明确提出科技事业发展的战略目标，"到 2020 年时使我国进入创新型国家行列，到 2030 年时使我国进入创新型国家前列，到新中国成立 100 年时使我国成为世界科技强国"，为中国科技事业的发展指引新方向、树立新里程。《纲要》强调科技创新是提高生产力的重要手段，是提升综合国力的战略支撑。为实现中国经济高质量发展，开辟发展新空间，必须依靠科技创新培育新的经济增长点，实现产业转型升级迈向更高水平。

在信息技术领域，《纲要》提出发展新一代信息网络技术，增强经济社会发展的信息化基础。加强类人智能、自然交互与虚拟现实、微电子与光电子等技术研究，推动宽带移动互联网、云计算、物联网、大数据、高性能计算、移动智能终端等技术研发和综合应用，加大集成电路、工业控制等自主软硬件产品和网络安全技术攻关和推广力度。

在制造业领域,《纲要》提出发展智能绿色制造技术,推动制造业向价值链高端攀升。重塑制造业的技术体系、生产模式、产业形态和价值链,推动制造业由大到强转变。发展智能制造装备等技术,加快网络化制造技术、云计算、大数据等在制造业中的深度应用,推动制造业向自动化、智能化、服务化转变。对传统制造业全面进行绿色改造,由粗放型制造向集约型制造转变。加强产业技术基础能力和试验平台建设,提升基础材料、基础零部件、基础工艺、基础软件等共性关键技术水平。发展大飞机、航空发动机、核电、高铁、海洋工程装备和高技术船舶、特高压输变电等高端装备和产品。

在农业领域,《纲要》提出发展生态绿色高效安全的现代农业技术,确保粮食安全、食品安全。以实现种业自主为核心,转变农业发展方式,突破人多地少水缺的瓶颈约束,走产出高效、产品安全、资源节约、环境友好的现代农业发展道路。系统加强动植物育种和高端农业装备研发,大面积推广粮食丰产、中低产田改造等技术,深入开展节水农业、循环农业、有机农业和生物肥料等技术研发,开发标准化、规模化的现代养殖技术,促进农业提质增效和可持续发展。推广农业面源污染和重金属污染防治的低成本技术和模式,发展全产业链食品安全保障技术、质量安全控制技术和安全溯源技术,建设安全环境、清洁生产、生态储运全覆盖的食品安全技术体系。

在能源行业,《纲要》提出发展安全清洁高效的现代能源技术,推动能源生产和消费革命。以优化能源结构、提升能源利用效率为重点,推动能源应用向清洁、低碳转型。突破煤炭、石油、天然气等化石能源的清洁高效利用技术瓶颈,开发深海深地等复杂条件下的油气矿产资源勘探开采技术,开展页岩气等非常规油气勘探开发综合技术示范。加快核能、太阳能、风能、生物质能等清洁能源和新能源技术开发、装备研制及大规模应用，攻克大规模供需互动、储能和并网关键技术。推广节能新技术和节能新产品，加快钢铁、石化、建材、有色金属等高耗能行业的节能技术改造，推动新能源汽车、智能电网等技术的研发应用。

在生态环保领域，《纲要》提出发展资源高效利用和生态环保技术，采用系统化的技术方案和产业化路径，发展污染治理和资源循环利用的技术与产业。建立大气重污染天气预警分析技术体系，发展高精度监控预测技术。建立现代水资源综合利用体系，开展地球深部矿产资源勘探开发与综合利用，发展绿色再制造和资源循环利用产业，建立城镇生活垃圾资源化利用、再生资源回收利用、工业固体废物综合利用等技术体系。完善环境技术管理体系，加强水、大气和土壤污染防治及危险废物处理处置、环境检测与环境应急技术研发应用，提高环境承载能力。

在海洋及空间相关领域，《纲要》提出发展海洋和空间先进适用技术，培育海洋经济和空间经济。开发海洋资源高效可持续利用适用技术，加快发展海洋工程装备，构建立体同步的海洋观测体系，推进中国海洋战略实施和蓝色经济发展。大力提升空间进入、利用的技术能力，完善空间基础设施，推进卫星遥感、卫星通信、导航和位置服务等技术开发应用，完善卫星应用创新链和产业链。

在医疗行业，《纲要》提出发展先进有效、安全便捷的健康技术，应对重大疾病和人口老龄化挑战。促进生命科学、中西医药、生物工程等多领域技术融合，提升重大疾病防控、公共卫生、生殖健康等技术保障能力。研发创新药物、新型疫苗、先进医疗装备和生物治疗技术。推进中华传统医药现代化。促进组学和健康医疗大数据研究，发展精准医学，研发遗传基因和慢性病易感基因筛查技术，提高心脑血管疾病、恶性肿瘤、慢性呼吸性疾病、糖尿病等重大疾病的诊疗技术水平。开发数字化医疗、远程医疗技术，推进预防、医疗、康复、保健、养老等社会服务网络化、定制化，发展一体化健康服务新模式，显著提高人口健康保障能力，有力支撑健康中国建设。

在现代服务行业，《纲要》提出发展支撑商业模式创新的现代服务技术，驱动经济形态高级化。以新一代信息和网络技术为支撑，积极发展现代服务业技术基础设施，拓展数字消费、电子商务、现代物流、互联网金融、网络教育等新兴服务业，促进技术创新和商业模式创新融合。加快推进工业设计、文化创意和相关产业融合发展，提升中国重点产业的创新设计能力。

综上所述，《国家创新驱动发展战略纲要》围绕涉及长远发展和国家安全的"卡脖子"问题，提出加强面向国家战略需求的基础前沿和高技术研究，加大对信息技术、制造业、农业、能源、生态环保、空间、海洋、医疗、现代服务业等领域重大基础研究和战略高技术攻关力度，实现关键核心技术安全、自主、可控。通过强化原始创新，增强源头供给，进而推动产业技术体系创新，创造发展新优势。

三 习近平总书记"科技三会"重要讲话对关键科技领域的需求

2016年5月，习近平在全国科技创新大会、两院院士大会、中国科协第九次全国代表大会（简称"科技三会"）上发表重要讲话。"科技三会"重要讲话指出，面向世界科技前沿的竞争、国家重大需求的升级、经济主战场的比拼，科技创新战略上升到前所未有的重要地位，这不仅关系当下经济的发展和产业的升级，也关乎中华民族伟大复兴的中国梦，关乎实现"两个一百年"奋斗目标，关乎坚持走中国特色自主创新道路。因此，习近平总书记特别提到相关重要科技领域亟须突破的难题，期望各界人士勠力同心、共克时艰。

在空间领域，地球内部可利用的成矿空间分布在从地表到地下1万米，目前世界先进水平勘探开采深度已达2500—4000米，而中国大多小于500米，向地球深部进军是我们必须解决的战略科技问题。深海蕴藏着地球上远未认知和开发的宝藏，但要得到这些宝藏，就必须在深海进入、深海探测、深海开发方面掌握关键技术。空间技术深刻改变了人类对宇宙的认知，为人类社会进步提供了重要动力，同时浩瀚的空天还有许多未知的奥秘有待探索，必须推动空间科学、空间技术、空间应用全面发展。

在医疗领域，中国重要专利药物市场绝大多数被国外公司占据，高端医疗装备主要依赖进口，成为"看病贵"的主要原因之一。而创新药物研发集中体现了生命科学和生物技术领域前沿新成就和新突破，先进医疗设备研发体现了多学科交叉融合与系统集成。脑连接图谱研究是认知脑功能进而探讨意识本质的科学前沿，这方面的探索不仅有重要科学意义，而且对脑疾病防治、智能技术发展也具有引导作用。同时，聚焦重大疾病防控、食品药品安全、人口老龄化等重大民生问题，大幅增加公共科技供给，让人民享有更宜居的生活环境、更好的医疗卫生服务、更放心的食品药品。此外，还要加强普惠和公共科技供给，发展低成本疾病防控和远程医疗技术，实现优质医疗卫生资源普惠共享。

在生态环保领域，绿色发展是生态文明建设的必然要求，代表了当今科技和产业变革方向，是最有前途的发展领域。人类发展活动必须尊重自然、顺应自然、保护自然，否则就会受到大自然的报复。这个规律谁也无法抗拒。要加深对自然规律的认识，自觉以对规律的认识指导行动。不仅要研究生态恢复治理防护的措施，而且要加深对生物多样性等科学规律的认识；不仅要从政策上加强管理和保护，而且要从全球变化、碳循环机理等方面加深认识，依靠科技创新破解绿色发展难题，形成人与自然和谐发展新格局。

四 《"十三五"国家科技创新规划》对关键科技领域的需求

"十三五"时期是全面建成小康社会和进入创新型国家行列的决胜阶段，是深入实施创新驱动发展战略、全面深化科技体制改革的关键时期。2016年8月，国务院印发了《"十三五"国家科技创新规划》，规划明确了"十三五"时期科技创新的总体思路、发展目标、主要任务和重大举措，这是国家在科技创新领域的重要专项计划，是中国迈向创新型国家行列的行动指南。该规划坚持把支撑国家重大需求作为战略任务，通过聚焦国家战略和经济社会发展重大需求，明确各重点领域的主攻方向和突破口。

在电子信息领域，发展新一代信息技术。大力发展泛在融合、绿色宽带、安全智能的新一代信息技术，研发新一代互联网技术，保障网络空间安全，促进信息技术向各行业广泛渗透与深度融合。发展先进计算技术，重点加强E级（百亿亿次级）计算、云计算、量子计算、人本计算、异构计算、智能计算、机器学习等技术研发及应用；发展网络与通信技术，重点加强一体化融合网络、软件定义网络/网络功能虚拟化、超高速超大容量超长距离光通信、无线移动通信、太赫兹通信、可见光通信等技术研发及应用；发展自然人机交互技术，重点是智能感知与认知、虚实融合与自然交互、语义理解和智慧决策、云端融合交互和可穿戴等技术研发及应用。发展微电子和光电子技术，重点加强极低功耗芯片、新型传感器、第三代半导体芯片和硅基光电子、混合光电子、微波光电子等技术与器件的研发。

在制造业领域，发展智能绿色服务制造技术。围绕建设制造强国，大力推进制造业向智能化、绿色化、服务化方向发展。发展网络协同制造技术，重点研究基于"互联网＋"的创新设计、基于物联网的智能工厂、制造资源集成管控、全生命周期制造服务等关键技术；发展绿色制造技术与产品，重点研究再设计、再制造与再资源化等关键技术，推动制造业生产模式和产业形态创新。发展机器人、智能感知、智能控制、微纳制造、复杂制造系统等关键技术，开发重大智能成套装备、光电子制造装备、智能机器人、增材制造、激光制造等关键装备与工艺，推进制造业智能化发展。开展设计技术、可靠性技术、制造工艺、关键基础件、工业传感器、智能仪器仪表、基础数据库、工业试验平台等制造基础共性技术研发，提升制造基础能力。推动制造业信息化服务增效，加强制造装备及产品"数控一代"创新应用示范，提高制造业信息化和自动化水平，支撑传统制造业转型升级。

在新材料技术领域，围绕重点基础产业、战略性新兴产业和国防建设对新材料的重大需求，加快新材料技术突破和应用。发展先进结构材料技术，重点是高温合金、高品质特殊钢、先进轻合金、特种工程塑料、高性能纤维及复合材料、特种玻璃与陶瓷等技术及应用。发展先进功能材料技术，重点是第三代半导体材料、纳米材料、新能源材料、印刷显示与激光显示材料、智能/仿生/超材料、高温超导材料、稀土新材料、膜分离材料、新型生物医用材料、生态环境材料等技术及应用。发展变革性的材料研发与绿色制造新技术，重点是材料基因工程关键技术与支撑平台，短流程、近终形、高能效、低排放为特征的材料绿色制造技术及工程应用。

在能源领域，发展清洁高效能源技术。大力发展清洁低碳、安全高效的现代能源技术，支撑能源结构优化调整和温室气体减排，保障能源安全，推进能源革命。发展煤炭清洁高效利用和新型节能技术，重点加强煤炭高效发电、煤炭清洁转化、燃煤二氧化碳捕集利用封存、余热余压深度回收利用、浅层低温地能开发利用、新型节能电机、城镇节能系统化集成、工业过程节能、能源梯级利用、"互联网+"节能、大型数据中心节能等技术研发及应用。发展可再生能源大规模开发利用技术，重点加强高效低成本太阳能电池、光热发电、太阳能供热制冷、大型先进风电机组、海上风电建设与运维、生物质发电供气供热及液体燃料等技术研发及应用。发展智能电网技术，重点加强特高压输电、柔性输电、大规模可再生能源并网与消纳、电网与用户互动、分布式能源以及能源互联网和大容量储能、能源微网等技术研发及应用。稳步发展核能与核安全技术及其应用，重点是核电站安全运行、大型先进压水堆、超高温气冷堆、先进快堆、小型核反应堆和后处理等技术研发及应用。

在现代交通技术领域，面向建设"安全交通、高效交通、绿色交通、和谐交通"重大需求，大力发展新能源、高效能、高安全的系统技术与装备，完善中国现代交通运输核心技术体系，培育新能源汽车、高端轨道交通、民用航空等新兴产业。重点发展电动汽车智能化、网联化、轻量化技术及自动驾驶技术，发展具有国际竞争力的高速列车、高中速磁浮、快捷货运技术与装备，发展轨道交通的安全保障、智能化、绿色化技术，研发运输管理前沿技术，提升交通运输业可持续发展能力和"走出去"战略支撑能力。

在农业领域，发展高效安全生态的现代农业技术。以加快推进农业现代化、保障国家粮食安全和农民增收为目标，深入实施藏粮于地、藏粮于技战略，超前部署农业前沿和共性关键技术研究。以做大做强民族种业为重点，发展以动植物组学为基础的设计育种关键技术，培育具有自主知识产权的优良品种，开发耕地质量提升与土地综合整治技术，从源头上保障国家粮食安全；以发展农业高新技术产业、支撑农业转型升级为目标，重点发展农业生物制造、农业智能生产、智能农机装备、设施农业等关键技术和产品；围绕提高资源利用率、土地产出率、劳动生产率，加快转变农业发展方式，突破一批节水农业、循环农业、农业污染控制与修复、盐碱地改造、农林防灾减灾等关键技术，实现农业绿色发展。力争到 2020 年，建立信息化主导、生物技术引领、智能化生产、可持续发展的现代农业技术体系，支撑农业走出产出高效、产品安全、资源节约、环境友好的现代化道路。

在生物技术领域，发展先进高效生物技术。瞄准世界科技前沿，抢抓生物技术与各领域融合发展的战略机遇，坚持超前部署和创新引领，以生物技术创新带动生命健康、生物制造、生物能源等创新发展，加快推进中国从生物技术大国到生物技术强国的转变。重点部署前沿共性生物技术、新型生物医药、绿色生物制造技术、先进生物医用材料、生物资源利用、生物安全保障、生命科学仪器设备研发等任务，加快合成生物技术、生物大数据、再生医学、3D 生物打印等引领性技术的创新突破和应用发展，提高生物技术原创水平，力争在若干领域取得集成性突破，推动技术转化应用并服务于国家经济社会发展，大幅提高生物经济国际竞争力。

在医疗卫生领域，发展人口健康技术。紧密围绕健康中国建设需求，突出解决重大慢病防控、人口老龄化应对等影响国计民生的重大问题，以提升全民健康水平为目标，系统加强生物数据、临床信息、样本资源的整合，统筹推进国家临床医学研究中心和疾病协同研究网络建设，促进医研企结合开展创新性和集成性研究，加快推动医学科技发展。重点部署疾病防控、精准医学、生殖健康、康复养老、药品质量安全、创新药物开发、医疗器械国产化、中医药现代化等任务，加快慢病筛查、智慧医疗、主动健康等关键技术突破，加强疾病防治技术普及推广和临床新技术新产品转化应用，建立并完善临床医学技术标准体系。

在海洋开发利用领域，发展海洋资源高效开发、利用和保护技术。按照建设海洋强国和"21世纪海上丝绸之路"的总体部署和要求，坚持以强化近海、拓展远海、探查深海、引领发展为原则，重点发展维护海洋主权和权益、开发海洋资源、保障海上安全、保护海洋环境的重大关键技术。开展全球海洋变化、深渊海洋科学等基础科学研究，突破深海运载作业、海洋环境监测、海洋油气资源开发、海洋生物资源开发、海水淡化与综合利用、海洋能开发利用、海上核动力平台等关键核心技术，强化海洋标准研制，集成开发海洋生态保护、防灾减灾、航运保障等应用系统。

在空天探测领域，发展新一代空天系统技术和临近空间技术，提升卫星平台和载荷能力以及临近空间持久信息保障能力，强化空天技术对国防安全、经济社会发展、全球战略力量部署的综合服务和支撑作用。增强空天综合信息应用水平与技术支撑能力，拓展我国地球信息产业链。加强空间科学新技术新理论研究，开展空间探测活动。开展新机理新体制遥感载荷与平台、空间辐射基准与传递定标、超敏捷卫星与空天地智能组网、全球空间信息精准获取与定量化应用、高精度全物理场定位与智能导航、泛在精确导航与位置服务、量子导航、多源多尺度时空大数据分析与地球系统模拟、地理信息系统在线可视化服务、空间核动力等核心关键技术研究及示范应用。全面提升航天运输系统技术能力，开展新概念运输系统技术研究。

综上，《"十三五"国家科技创新规划》以面向国家重大战略需求为原则，以解决经济社会发展中的关键科学问题为基础，在电子信息、制造业、新材料、能源、现代交通技术、农业、生物、医疗卫生、海洋及空天等领域强化部署目标导向的基础研究和前沿技术研究，并促进基础研究和前沿技术研究与经济社会发展需求紧密结合。

五 党的十九大报告对关键科技领域需求

2017年10月，习近平总书记在党的十九大上作报告，指出

"从2020年到2035年，在全面建成小康社会的基础上，再奋斗十五年，基本实现社会主义现代化；从2035年到本世纪中叶，在基本实现现代化的基础上，再奋斗十五年，把我国建成富强民主文明和谐美丽的社会主义现代化强国"。习近平总书记还提出我国要加快建设创新型国家，突出前沿引领技术、关键共性技术、颠覆性技术创新、现代工程技术，为建设科技强国、质量强国、航天强国、网络强国、交通强国、数字中国、智慧社会提供有力支撑。党的十九大报告提出的战略目标是我国产业工程科技发展的重要基准，也成为我国产业工程科技创新的基本要求。

在能源领域，建立健全绿色低碳循环发展的经济体系。发展清洁能源产业，推进能源生产和消费革命，构建清洁低碳、安全高效的能源体系。

在生态环保领域，加快水污染防治，实施流域环境和近岸海域综合治理，强化土壤污染管控和修复，加强农业面源污染防治，加强固体废弃物和垃圾处置。

在医疗健康领域，结合健康中国战略深化医药卫生体制改革，全面建立中国特色基本医疗卫生制度、医疗保障制度和优质高效的医疗卫生服务体系，健全现代医院管理制度。加强基层医疗卫生服务体系和全科医生队伍建设。全面取消以药养医，健全药品供应保障制度。坚持预防为主，深入开展爱国卫生运动，倡导健康文明生活方式，预防控制重大疾病。实施食品安全战略，让人民吃得放心。坚持中西医并重，传承发展中医药事业。

在农业领域，加快推进农业农村现代化。确保国家粮食安全，把中国人的饭碗牢牢端在自己手中。构建现代农业产业体系、生产体系、经营体系，完善农业支持保护制度，发展多种形式适度规模经营，培育新型农业经营主体，健全农业社会化服务体系，实现小农户和现代农业发展有机衔接。

在制造业领域，加快发展先进制造业，推动互联网、大数据、人工智能和实体经济深度融合，在中高端消费、创新引领、绿色低碳、共享经济、现代供应链、人力资本服务等领域培育新增长点、形成新动能。促进我国产业迈向全球价值链中高端，培育若干世界级先进制造业集群。

六 习近平总书记"两院院士大会"重要讲话对关键科技领域的需求

党的十九大开启了实现中华民族伟大复兴的新征程，新时代必须坚持发展中国特色社会主义不动摇，将我国建设成富强民主的社会主义现代化国家。2018 年 5 月，习近平总书记在中国科学院第十九次院士大会、中国工程院第十四次院士大会（简称"两院院士大会"）上作了重要讲话，指出为了实现社会主义现代化强国，我国必须具有强大的科技实力和创新能力，并且要发挥工程科技在产业革命、经济发展、社会进步的杠杆作用。工程科技要围绕国家重大战略需求，瞄准经济建设和事关国家安全的重大工程科技问题，以前沿引领技术、关键共性技术、颠覆性技术创新、现代工程技术为突破口，加强相关领域的自主创新能力，在前瞻性、战略性领域打好主动仗。

在信息技术领域，把握数字化、网络化、智能化融合发展的契机，以信息化、智能化为杠杆培育新动能。要突出先导性和支柱性，优先培育和大力发展一批战略性新兴产业集群，构建产业体系新支柱。要推进互联网、大数据、人工智能同实体经济深度融合，做大做强数字经济。同时，需要改变在高端芯片、基础软硬件、开发平台、基本算法、基础元器件等底层基础技术受制于人的局面。

在制造业领域，要以智能制造为主攻方向推动产业技术变革和优化升级，推动制造业产业模式和企业形态根本性转变，以"鼎新"带动"革故"，以增量带动存量，促进我国产业迈向全球价值链中高端。

第二节　国家重大战略对重点领域关键科技需求集总结分析

本书对国家关于制造业发展、科技创新政策文件以及习近平总书记的重要讲话进行了梳理，汇总并提炼每份文件或重要讲话中一些重点领域在关键环节需强化和突破的技术瓶颈，从而明晰国家战略中重点行业发展对工程科技的需求。通过对现有的国家战略和部门、行业发展战略进行全面梳理，本书最终凝练出上述政策文件或重要讲话中关于能源行业、生态环保、信息技术、医疗卫生、现代农业、制造业、现代服务业、海洋空天等领域的关键技术需求（见表6—2）。

能源领域，积极发展清洁高效能源技术，包括煤炭清洁高效利用和新型节能技术、可再生能源与氢能技术、智能电网技术、核安全和先进核能技术、建筑节能技术。

生态环保领域，以提供重大环境问题系统性技术解决方案和发展环保高新技术产业体系为目标，发展包括大气污染防治技术、土壤污染防治技术、水环境保护技术、清洁生产技术、生态保护与修复技术、环保产业技术。

信息技术领域，发展新一代信息技术，包括微电子和光电子技术、先进计算技术、网络与通信技术、自然人机相互技术。

医疗卫生领域，围绕健康中国建设需求发展重大疾病防控技术、精准医学关键技术、生殖健康及出生缺陷防控技术、数字诊疗技术、体外诊断技术、健康促进关键技术、健康服务技术、养老助残技术等。

现代农业领域，发展高效安全生态的现代农业技术，包括生物育种研发技术、海洋农业与淡水渔业新技术、畜禽安全高效养殖技术。

制造业领域，以推进制造业向智能化、绿色化、服务化方向发展为目标，大力发展网络协同制造技术、绿色制造技术、智能装备技术、制造基础共性技术、工业传感器相关技术。

现代服务业领域，发展支撑商业模式创新的现代服务技术，包括加强网络化、个性化、虚拟化条件下服务技术研发与集成应用，加强文化产业关键技术研发。

海洋空天领域，以提升战略空间探测、开发和利用能力为目标，发展海洋资源开发利用技术、空天探测、开发和利用技术、深地极地技术，以及两型大推力火箭发动机等核心关键技术。

城市领域，围绕新型城镇化领域的瓶颈制约，发展包括智慧城市、数字社会、市政基础设施的标准化、数字化、智能化技术、绿色建筑、生态城市、重大灾害、公共安全等应急避险领域重大技术和产品、现代交通技术与装备（高速列车、高中速磁浮）、城镇区域发展动态监测、城镇布局和形态功能优化、城镇基础设施、城镇用地节约集约和低效用地再开发、城市地下综合管廊、地下空间合理布局与节约利用、绿色生态基础设施和海绵城市建设技术、文化遗产保护传承和公共文化、体育健身等公共服务关键技术。

科技创新的战略导向极为重要，只有通过聚焦国家战略和经济社会发展重大需求，把支撑国家重大需要作为战略任务，才能明确工程科技在事关国计民生、产业核心竞争力的技术主攻方向和关键突破口，从而更好促进基础研究与经济社会发展需求的紧密结合。

表6—2　　国家重大战略或习近平总书记重要讲话中关于对重点行业科学技术的需求汇总

领域		具体工程科技需求
能源	传统能源	高耗能行业的节能技术改造
		深海深地等复杂条件下的油气矿产资源勘探开采技术
		化石能源的清洁高效利用和新型节能技术
	新能源	构建市场导向的绿色技术创新体系
		新能源汽车技术
		智能电网技术
		开发氢能、燃料电池等新一代能源技术
		大规模供需互动、储能和并网关键技术
		构建清洁低碳、安全高效的能源体系
		核能、太阳能、风能、生物质能等清洁能源和新能源的大规模开发利用技术
环境		资源高效利用和生态环保技术
		污染治理和资源循环利用的技术
		大气重污染天气预警分析技术体系
		高精度监控预测技术
		现代水资源综合利用体系
		大气污染防治
		水污染防治
		土壤污染管控和修复
		固体废弃物和垃圾处置
		生态系统保护和修复
		荒漠化、石漠化、水土流失综合治理
		生态恢复治理防护技术

第六章 基于国家重大战略的工程科技发展需求分析　111

续表

领域	具体工程科技需求
信息	自然交互
	虚拟现实
	微电子与光电子
	移动智能终端
	集成电路、工业控制等自主软硬件产品和网络安全技术
	量子调控与量子信息
	信息基础设施网络建设（宽带移动互联网）
	大数据
	云计算（高性能计算）
	人工智能（类人智能、面向未来人机物融合的信息科学）
	物联网
	区块链
	高端芯片
	基础软硬件
	开发平台
	基本算法
	基础元器件
医疗	医学免疫学（新型疫苗研发）
	生物治疗技术
	创新药物研发
	遗传基因和慢性病易感基因筛查技术
	智慧医疗（数字化医疗、远程医疗技术）
	脑科学（脑连接图谱研究）
	主动健康
	再生医学
	干细胞及转化
	基因编辑
	中医药现代化
	高端医疗装备研发
	重大疾病防控
	合成生物

续表

领域	具体工程科技需求
农业	动植物育种
	现代养殖技术
	设施农业
	粮食丰产
	中低产田改造
	节水农业
	循环农业
	有机农业
	生物肥料
	农业生物制造
	农业智能生产
	智能农机装备
	农业污染控制与修复
	盐碱地改造
	农林防灾减灾
制造业	智能制造技术（智能成套装备、光电子制造装备、智能机器人、增材制造、激光制造）
	绿色制造技术
	网络协同制造技术
	纳米技术
	石墨烯技术
	先进高端材料研发和生产
	产业技术基础能力和试验平台建设（基础材料、基础零部件、基础工艺、基础软件）
	微纳制造
	复杂制造系统
	航空航天、电力、农机等高端装备制造
	融合机器人、数字化、新材料的先进制造技术

续表

领域	具体工程科技需求
服务业	支撑商业模式创新的现代服务技术
	现代服务业技术基础设施
	互联网金融
	现代物流
	电子商务
	系统外包
	文化产业关键技术
	数字文化
	数字医疗与健康
	数字生活
城市发展	智慧城市
	数字社会
	市政基础设施的标准化、数字化、智能化技术
	绿色建筑
	生态城市
	重大灾害、公共安全等应急避险领域重大技术和产品
	现代交通技术与装备（高速列车、高中速磁浮）
	城镇区域发展动态监测
	城镇布局和形态功能优化
	城镇基础设施功能提升
	城镇用地节约集约和低效用地再开发
	城市地下综合管廊
	地下空间合理布局与节约利用
	绿色生态基础设施和海绵城市建设技术
	文化遗产保护传承和公共文化、体育健身等公共服务关键技术

资料来源：1.《中国制造2025》；2.《国家创新驱动发展战略纲要》；3.《"十三五"国家科技创新规划》；4.《决胜全面建成小康社会 夺取新时代中国特色社会主义伟大胜利——在中国共产党第十九次全国代表大会上的报告》；5.《为建设世界科技强国而奋斗——习近平在全国科技创新大会、两院院士大会、中国科协第九次全国代表大会上的讲话》；6.《习近平：在中国科学院第十九次院士大会、中国工程院第十四次院士大会上的讲话》。

第七章

基于未来重点产业发展的工程科技发展需求分析

第一节 面向2040年医疗卫生产业发展的工程科技需求

一 中国居民健康水平及其对医疗卫生产业发展的需求

（一）中国居民健康水平

近年来，中国居民健康水平和身体素质持续提高，成为影响国家经济发展和社会进步，构建和谐社会可持续发展的重要保障。中国人均预期寿命，2015年达到76.34岁，2019年为77.3岁；全国孕产妇死亡率、婴儿死亡率、5岁以下儿童死亡率分别由2015年的20.1/10万、8.1‰、10.7‰下降到2019年的17.8/10万、5.6‰、7.8‰。2015年农村婴儿死亡率是城市的2倍，2019年降至1.9倍，孕产妇死亡率几乎不存在城乡差异。人口自然增长率，2015年为4.96‰，2016年达到5.86‰，2019年为3.34‰，总体上优于中高收入国家平均水平，为全面建成小康社会奠定了重要基础。

疾病谱变化，慢性病成为中国居民疾病死亡的主要原因。随着中国医疗卫生条件的逐步改善、预防接种的普及和抗生素的普遍使用，曾经严重威胁人类健康的传染病发病率稳步下降（申珂等，2017）。而随着工业化、城镇化、老龄化进程加快，中国慢性病患病率和致死率均呈上升趋势。1993年，中国居民慢性病患病率为169.8‰，2013年提高到245.2‰。2016年，由恶性肿瘤、心脏病等慢性疾病导致死亡的比例分别达到26.06%和22.58%，较1990年分别增加了4.18个和6.77个百分点，①均明显高于传染病（1.05%）。由于慢性病的病程长、流行广、治疗费用高，若不能加强监测和及时控制，将会给社会、家庭和个人带来沉重的负担。

一些重大疾病仍然威胁着百姓的健康和生命，仍是中国人力资源损失和经济损失的主要原因。目前，中国恶性肿瘤每年新发病310万例，年死亡人数220万人；心脑血管疾病年死亡300多万人，高血压患者2.6亿人；糖尿病患者超过1亿人，慢性肾病患者1亿—1.2亿人；老年性疾病如老年痴呆、帕金森等高发；艾滋病病毒感染人数80万人，乙肝病毒携带者8000万人，活动性结核病患者500多万人；突发性传染病如SARS、禽流感等也会给百姓生活带来威胁。

人口老龄化程度加剧，老年人医疗健康事业发展面临较大需求压力。 2016年，中国65岁以上人口达到15003万人，较1990年的6368万人增长了1.36倍，老年人口数量快速增加。2019年中国60周岁及以上人口25388万人，占总人口的18.1%，其中65周岁及以上人口17603万人，占总人口的12.6%。按照联合国的老龄化社会标准，中国65岁以上人口占总人口的比重于2014年超过10%，进入老龄化社会。这意味着，身体机能明显下降、患病频率和程度越来越高的老年人，对生活照料、医疗健康、康复护理等方面的需求越来越迫切。而中国目前的老年抚养比达到13.7%，失独老人和空

---

① 数据来自2017年《中国卫生和计划生育统计年鉴》。

巢老人数量不断增长，养老保障制度和医疗保健事业发展面临较大的需求压力。

居民健康生活意识增强，家庭健康管理意识提升，积极预防的健康理念深入人心。根据《中国家庭健康大数据报告（2017）》，居民健康生活、健康管理和积极预防意识明显增强。调研发现，被访者明确表达出对于健康管理服务的需求，希望获得能够改善自身不良生活方式及习惯的健康干预服务的比例为81.8%，高于获取健康科普信息的人员占比（76.4%）。在被问及哪个因素对健康更为重要时，93%的被访者选择了"积极的健康管理方案"，而选择"更先进的医疗技术、设备、治疗方案"的仅为6.8%。

（二）居民健康对医疗卫生产业发展的要求

居民健康水平、生活水平和健康理念的变化，对中国2040年医疗卫生产业发展提出了新的要求。

第一，居民慢性病管理需求增加，健康生活和健康管理意识增强，未来中国诊疗模式将侧重以疾病预防和监测为主，突出对公众的慢性病科普教育和健康管理，重视引导民众逐步向健康生活方式过渡。

第二，居民对治愈重大疾病和罕见病的期待不断提高，基于基因组测序技术、生物信息和大数据科学交叉应用的精准医疗等前沿医疗技术成为未来医疗卫生产业发展的重要方向。

第三，居民生活水平提高，对医疗服务的需求多层次多样化，包括更具针对性的治疗方案，方便快捷的就医流程，舒适温馨的就医环境，突破距离和环境限制的远程会诊和远程诊断等高品质就医服务等。

因此，智慧医疗、精准医疗和远程医疗是中国未来医疗产业发展的三个重要方向。

（1）智慧医疗，指在充分利用大数据、云计算、可穿戴设备、物联网等新技术的基础上，监测、收集、传输、分析和保存患者的医疗信息，为患者建立电子医疗档案，通过移动互联网信息平台整合信息，实现患者、医疗器械、医生、机构（医院或其他医疗平台）之间的实时联系和有效互动（成栋，2017）。智慧医疗能够实现医疗活动全价值链的数据共享和交互使用，为医生科学决策、安全诊疗提供参考，提高医疗服务的效率，同时也是未来慢性病管理、居民健康状况监测和健康生活方式培养的重要手段。

智慧医疗实现的前提是医疗系统的各子部分智能化。频射标识（RFID）技术、定位技术、体征感知技术、视频识别等物联网技术的快速发展，使得传感器可以收集医院和用户家中各类医疗设备传出的信息，实现对患者个人健康信息、药物信息、医疗信息等数据的采集、监测、识别和定位（薛青，2010）。信息互通类技术形成了用户与医疗机构、服务机构之间进行健康信息沟通的渠道，为医疗系统海量信息提供通道基础。云计算和大数据挖掘等技术，能够完成对各类传感器收集的海量医疗数据进行预处理、特征提取和综合分析等，形成的规律性结论可以为医生治疗提供诊断参考和依据（李建功、唐雄燕，2012）。智能可穿戴设备和便携医疗设施终端可以有效监控院外康复患者或慢性病患者的身体健康指标，进行慢性病管理和家庭康复指导。

（2）精准医疗，是根据病人的个体特征制定个性化精准治疗方案，其发展建立在基因组测序技术快速进步、生物信息和大数据科学交叉应用发展的基础上。精准医疗通过基因组、蛋白质组学技术和医学前沿手段，对大量人群和特定疾病进行生物标记物的分析、鉴定、验证和应用，从而精确寻找致病原因和治疗靶点，并对一种疾病的不同状态和所处阶段精确细分亚类，最终实现对疾病和患者个性化精准治疗的目的（谢俊祥、张琳，2016）。精准医疗将成为中国高发、危害重大疾病和流行率相对较高的罕见病诊断与防治的重要手段，形成重大疾病的风险评估、预测预警、早期筛查、分型分类、个体化治疗、疗效和安全性预测及监控等精准诊疗方案。

在患者入院前和院内诊疗时，精准医疗能够通过遗传学和生物学方法将疾病在基因或分子水平进行分型，从而制定更为精确和具有针对性的治疗方案；利用信息技术对医疗信息库中大量人群的家族病史、特殊习性或嗜好、分子遗传特征等医疗相关信息进行筛选和处理，建立人群及个体的疾病路线预防图；在院后康复管理过程中，精准医疗根据患者的跟踪随访数据掌握患者康复情况，结合患者个体特征提供个性化专业康复指导。

（3）远程医疗，即"远距离治疗"，狭义上指通过网络通信技术（ICT）来扩充就医途径和医疗信息，改善患者治疗效果的方式。美国远程医疗协会（ATA）认为，远程医疗是"通过电子通信的手段，如双向视频技术、智能电话、无线工具等，在不同地点之间交换病人的医疗信息，从而提高患者医疗诊断水平的先进医疗诊断体系"；世界卫生组织提出，"远程医疗是所有使用信息和通信技术交换有效信息进行疾病和损伤的诊断、治疗和预防服务，以推动个人和社区的健康"。可以认为，远程医疗摆脱了地理对医疗活动的限制，使得偏远地区或特殊环境患者能够接受远距离诊疗；使得慢性病、老龄、行动不便患者减少医疗路途时间，满足居民多样化的就医需求。

欧洲远程健康信息协会（EHTEL）指出，数据集成化的信息系统、医疗影像设备和网络技术是远程医疗得以实现的基础。其中，医疗信息系统包括电子病历系统、医院信息和实验室信息系统等，医疗影像设备包括计算机断层扫描（CT）、核磁共振成像（MRI）和数字减影血管造影（DSA）等。在数据集成的基础上，更重要的是远程医疗系统和传统医疗体系的集成，即实现数字医疗环境下、依靠需求拉动的全新医疗体系，而不只是独立于传统医疗体系存在的附加增值元素（赵杰，2014）。

二 医疗卫生产业发展的工程科技需求调查

（一）调查设计思路

为了预测未来中国医疗卫生领域工程科技的发展方向和路线，客观分析工程科技发展对医疗卫生产业发展的影响，使工程科技的研究开发更好地服务于未来经济社会发展需要、满足未来居民健康需求，本研究按以下思路进行调查问卷设计。首先，基于2040年中国经济社会发展的愿景分析和未来居民健康水平、生活水平和健康理念可能发生的变化分析，提出未来医疗卫生产业发展的重要方向。其次，基于专家访谈的结果，提出能够支撑医疗卫生产业实现上述发展目标的具体工程科技集，即为从未来经济社会发展需要和居民健康发展需求出发的医疗卫生产业工程科技需求预测。最后，对预测出的工程科技研发现状、发展差距、未来发展趋势等进行调查和评价。

在进行调查问卷设计时，本研究借鉴 OECD、APEC 等国际组织和美国、日本、英国、德国等主要发达国家的未来技术预见研究方法，邀请专家在未来经济社会发展愿景的描绘下提出产业发展方向和工程科技需求。调查方法主要采用德尔菲法，调查对象为中国科协医学相关一级学会的专家、医疗卫生领域的学者和企业家等。

（二）调查过程

课题组采用两轮德尔菲调查方法，对医疗卫生产业发展的工程科技需求进行调查预见。具体过程分为三个阶段：

第一阶段是医疗卫生领域工程科技需求分析的前期准备。课题组收集、分析中国居民健康状况和医疗卫生产业发展的基础数据和相关研究文献，梳理《中华人民共和国国民经济和社会发展第十三个五年规划纲要》《"健康中国2030"规划纲要》《"十三五"卫生与健康规划》和《国务院关于实施健康中国行动的意见》（国发〔2019〕13号）提出的卫生健康领域发展方向的指导意见，形成医疗卫生产业发展现状和未来变化的初步判断。

第二阶段是开展第一轮调查。以前期准备材料为基础，课题组开展第一轮德尔菲调查，旨在邀请展望中国居民未来20年对医疗卫生产业发展可能提出的新需求，以及中国未来医疗卫生产业发展可能的重要方向。

第三阶段是开展第二轮调查。在第一轮调查和收集整理的备选技术集基础上，课题组开展第二轮德尔菲调查，一方面对产业未来发展方向进行进一步收敛和补充，另一方面邀请专家面向医疗卫生产业未来不同的发展方向提出具体的工程科技需求，并对该项技术的研究发展现状、存在的差距和可能的产业化前景进行判断。

（三）调查问卷内容

"医疗卫生产业工程科技需求预见调查问卷"分为背景信息说明和问卷正文两大部分。背景信息部分向接受调查的医疗卫生领域专家学者说明本次调查的目的和基础信息，特别是对未来20年中国人口变化、居民对医疗卫生需求的趋势变化进行简要描述，以便尽量让专家能够在未来20年的场景下进行问题选择和填写。第二轮调查问卷还包括第一轮调查形成的居民对未来医疗卫生产业的新需求和医疗卫生产业发展方向等基本结论。

问卷正文部分首先对被调查专家的专业熟悉程度进行区分，请专家根据以往研究经历判断对医疗卫生产业工程科技的熟悉程度（"很熟悉""熟悉""较熟悉"和"不熟悉"四类）。调查的具体内容包括三个方面（如图 7—1 所示）：

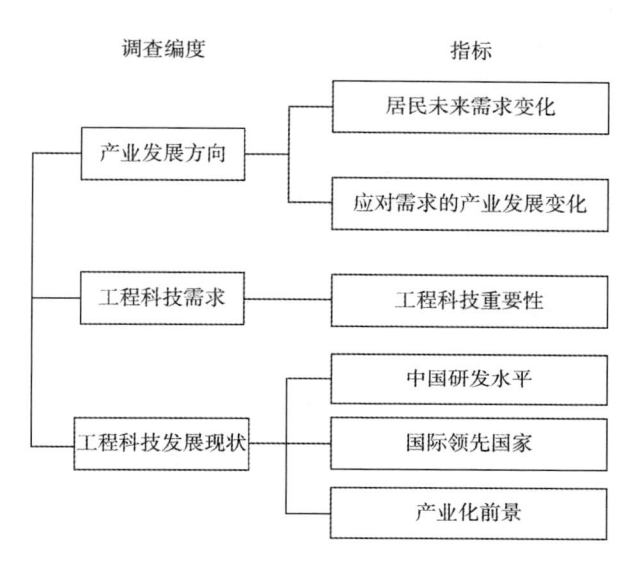

图 7—1 调查问卷指标

（1）医疗卫生产业未来发展方向预见，调查专家认为未来 20 年居民对医疗卫生服务需求可能产生的变化，以及应对这些变化医疗卫生产业可能的发展方向。在第二轮调查问卷中，产业发展方向问题设计为半开放形式，除列出第一轮调查已提出的智慧医疗、精准医疗和远程医疗，专家还可以补充列出其他重要发展方向。

（2）工程科技需求预见，调查专家学者认为医疗卫生产业向智慧化、精准化和个性化发展最重要的工程科技，即支撑医疗卫生产业未来发展、满足居民医疗卫生服务新需求和新变化的工程科技。该问题采用列表形式，邀请专家在技术备选集中勾选其认为最重要的三项工程科技。对于专家新提出的产业发展方向，问卷也设计了开放性问题，专家可以列出实现该发展方向最重要三项工程科技。

（3）工程科技发展现状、差距和可能产业化前景的评价，调查专家对于其提出的工程科技研发现状和未来产业化评价，包括中国对该项工程科技的研发水平、目前国际上的领先国家和该项工程科技的未来产业化前景。对于专家新提出的工程科技，问卷页相应设计了开放性问题，方便专家进行现状评价。具体问卷见附录一。

（三）技术备选集

本次工程科技需求调查的技术备选集充分参考第六章国家未来发展战略中有关医疗卫生领域的科技发展方向、"中国工程科技2035发展战略医疗卫生领域研究"（2019）及上海市科学学研究所（2013）相关研究，并经专家研讨决定。备选技术方向包括药物工程、生物与分子医学、再生医学、疾病防治、预防医学、生殖医学、认知与行为科学、生物物理与医学工程、中医药学、整合医学与医学信息技术10个技术领域，覆盖疾病预防、诊断、治疗等各方面20项工程科技（见表7—1）。

表7—1　基于未来医疗卫生产业发展需求的备选工程科技集

领域	技术方向
药物工程	新药发现研究与制药工程关键技术
	智能药物递送体系与新型药物制剂技术
生物与分子医学	基于组学大数据的疾病预警及风险评估技术
	基于生物医学大数据的个性化健康管理技术
	基于分子检测和分子影像的精准诊断及疗效评价技术
	体液免疫及修饰性免疫细胞治疗新技术
再生医学	细胞与组织修复及器官再生的新技术与应用
	基于合成生物学的人工生物系统建立技术
疾病防治	慢性病防控工程与治疗关键技术（包括肿瘤、心脑血管疾病、糖尿病、慢性阻塞性肺病及肾脏疾病等）
	预防及干预药物与疫苗研发关键技术
预防医学	应对突发疫情、生物恐怖等生物安全关键技术
	食品安全防控识别体系及安全控制技术
	环境污染与人类健康关系综合评价技术及相关疾病防治技术

续表

领域	技术方向
生殖医学	不孕不育治疗体系优化
认知与行为科学	人工智能与大脑模拟关键技术
生物物理与医学工程	新型生物材料与纳米生物技术
	生物3D打印技术及生物4D打印技术的研发与应用
	基于声、光、电、磁的新型诊断治疗技术
中医药学	中药资源保护、先进制药和疗效评价技术
整合医学与医学信息技术	面向社区的健康大数据及智能健康管理系统

三 调查结果分析

本次调查依托全国学会组织权威医学专家进行问卷填答，回收有效问卷41份。技术型专家19人，占专家总数的46.3%；企业型专家15人，占专家总数的36.6%；战略型专家7人，占17.1%。从专家所在机构类型看，21位专家来自企业，占专家总数的51.2%；13位专家来自高校，占专家总数的31.7%；7位专家来自研究院所，占专家总数的17.1%。

（一）居民医疗卫生服务需求与医疗卫生产业发展方向变化

2040年中国居民将更加重视疾病预防和个性化医疗服务。通过对专家提出的医疗卫生服务需求变化进行词频分析，可以发现22.0%的专家提到了"预防"、17.1%的专家提到了"个性化医疗"，是出现频率最高的两个关键词。另各有7.3%的专家提到了"便捷""精准化"和"早期诊断"，各有4.9%的专家提到了"价格便宜""智能化"和"社区医疗需求增加"。可以认为，随着中国居民疾病谱的变化、人口老龄化程度加深、居民生活水平提高和健康管理意识增强，2040年中国居民对疾病预防和个性化医疗的需求将明显增加，对医疗卫生服务的精准性、智能化、便捷性和普遍性提出了更高的要求。

应对中国居民对医疗卫生服务的需求变化，医疗卫生产业的发展将向"以疾病预防和监测为主的诊疗模式"转变。调查反映，82.9%的专家认为2040年中国医疗卫生产业最有可能的发展方向是"以疾病预防和监测为主的诊疗模式"，其次是"建立在基因组学基础上的精准医疗"（65.9%）和"突破距离和环境限制的远程医疗"（61.0%）（如图7—2所示）。除此之外，4.90%的专家还提出"疾病康复"和"分级诊疗"也是中国未来医疗卫生产业的主要发展方向。

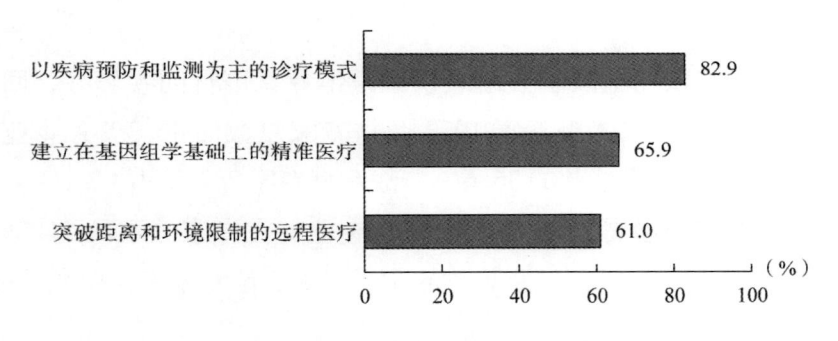

图7—2　医疗卫生产业发展方向

（二）以疾病预防和监测为主诊疗模式的工程科技需求分析

调查中，首先，34位专家从备选技术集中选择疾病预防和监测为主诊疗模式的关键工程技术，其中包括半数专家认为"基于组学大数据的疾病预警及风险评估技术"和"慢性病防控工程与治疗关键技术"是2040年疾病预防和监测方面最重要的工程科技。其次，38.2%的专家认为"基于生物医学大数据的个性化健康管理技术"是疾病预防和监测的重要工程科技。分别有超过20%的专家认为

"预防及干预药物与疫苗研发关键技术""基于分子检测和分子影像的精准诊断及疗效评价技术""面向社区的健康大数据及智能健康管理系统"是疾病预防和监测的重要工程科技。可以认为，2040年的疾病预防和监测在早期预警、精准诊断、个性化和智能化健康监测和管理方面提出了更高要求，认为上述工程科技的重要性更强（如图7—3所示）。

技术	百分比（%）
基于组学大数据的疾病预警及风险评估技术	52.9
慢性疾病防控工程与治疗关键技术	50.0
基于生物医学大数据的个性化健康管理技术	38.2
预防及干预药物与疫苗研发关键技术	26.5
基于分子检测和分子影像的精准诊断及疗效评价技术	23.5
面向社区的健康大数据及智能健康管理系统	23.5
新药发现研究与制药工程关键技术	14.7
智能药物递送体系与新型药物制剂技术	14.7
细胞与组织修复及器官再生的新技术与应用	14.7

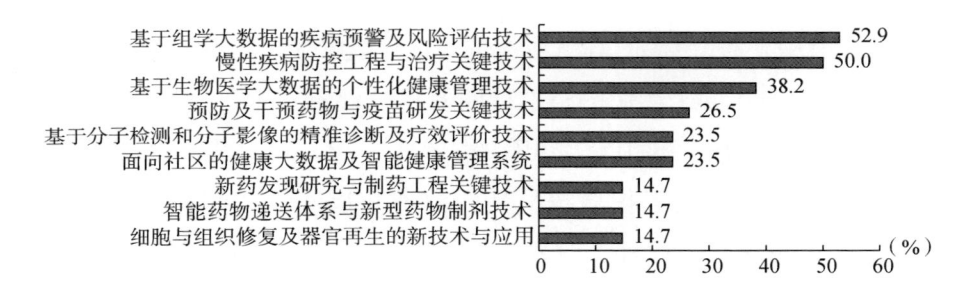

图7—3 疾病预防和监测诊疗模式的工程科技需求

各有14.6%的专家提出"人工智能"和"穿戴设备/柔性设备传感技术"，二者为出现频率最高的两个关键词。另有14.6%的专家提出"物联网""远程无线传输""大数据采集处理"等信息技术。可以认为，在疾病预防和监测诊疗方面，除了早期预警和精准诊断等要求外，还需要传感技术、计算机技术和通信技术为代表的信息技术的快速发展为支撑。

对于上述关键工程技术的研发水平，选择"基于组学大数据的疾病预警及风险评估技术"的专家中，50%的专家认为技术研发水平落后国际5—10年，22.2%的专家认为基本与国际水平一致；61.1%的专家认为目前该项技术的领先国家是美国，22.2%的专家认为是日本。选择"慢性病防控工程与治疗关键技术"的专家中，47.1%的专家认为基本与国际水平一致，23.5%的专家则认为落后国际水平5—10年；76.5%的专家认为该项技术的领先国家是美国，

11.8%的专家认为是日本。选择"基于生物医学大数据的个性化健康管理技术"的专家中，53.9%的专家认为我国与国际水平一致，23.1%的专家认为落后国际水平10年以上；69.2%的专家认为该项技术的领先国家是美国，7.7%的专家认为是德国。

（三）精准医疗工程科技需求分析

在精准医疗方面，27位专家从备选技术集中选择精准医疗的关键工程技术，其中"基于生物医学大数据的个性化健康管理技术"（44.4%）、"基于分子检测和分子影像的精准诊断及疗效评价技术"（37.0%）和"基于组学大数据的疾病预警及风险评估技术"（33.3%）是专家认为精准医疗最重要的三项工程科技，其中两项与疾病预防和监测方面的重要工程科技重合。此外，分别有29.6%和25.9%的专家认为"细胞与组织修复及器官再生的新技术与应用"和"智能药物递送体系与新型药物制剂技术"也是实现精准医疗的重要工程科技。可以认为，精准医疗的发展对细胞分子的精确定位和检测提出了更高要求，与此相关的工程科技相应具有更高的重要性，并且应用于疾病早期预警、诊断和个体化疗效评价方面的精准医疗技术也具有较高的重要性（如图7—4所示）。

技术	百分比（%）
基于生物医学大数据的个性化健康管理技术	44.4
基于分子检测和分子影像的精准诊断及疗效评价技术	37.0
基于组学大数据的疾病预警及风险评估技术	33.3
细胞与组织修复及器官再生的新技术与应用	29.6
智能药物递送体系与新型药物制剂技术	25.9
慢性病防控工程与治疗关键技术	22.2
新药发现研究与制药工程关键技术	18.5
面向社区的健康大数据及智能健康管理系统	18.5
体液免疫及修饰性免疫细胞治疗新技术	14.8
基于声、光、电、磁的新型诊断治疗技术	11.1

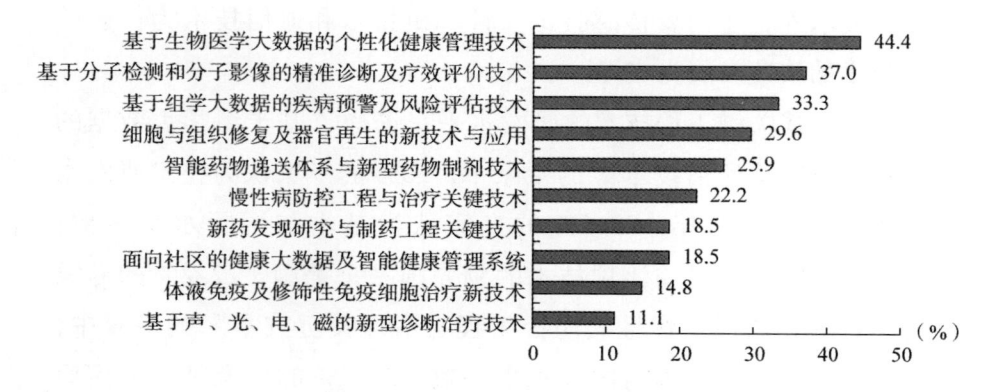

图7—4 精准医疗的工程科技需求

除技术备选集外，17.1%的专家提到"基因工程"、12.2%的专家提到"人工智能"。此外，9.8%的专家提到"大数据采集处理"。

对于上述关键工程技术的研发水平，选择"基于分子检测和分子影像的精准诊断及疗效评价技术"的专家中，60%的专家认为中国研发水平落后国际水平5—10年，30%的专家认为与国际水平基本一致；60%的专家认为该技术领域的领先国家是美国，30%的专家认为是日本。选择"细胞与组织修复及器官再生的新技术与应用"的专家中，75%的专家认为我国的研发水平基本与国际水平保持一致，25%的专家认为落后国际水平5—10年；62.5%的专家认为该技术的领先国家是美国，25%的专家认为是日本。选择"智能药物递送体系与新型药物制剂技术"的专家中，42.9%的专家认为我国研发水平与国际水平基本一致，28.6%的专家认为落后国际水平5—10年；71.4%的专家认为该技术的领先国家是美国，28.6%的专家认为是日本。

（四）远程医疗工程科技需求预见

25位专家从技术备选集中选择远程医疗的关键工程技术，其中52.0%的专家认为"面向社区的健康大数据及智能健康管理系统"是2040年实现远程医疗的重要工程科技。其次，分别有36.0%、32.0%和32.0%的专家认为"慢性病防控工程与治疗关键技术""基于组学大数据的疾病预警及风险评估技术""基于生物医学大数据的个性化健康管理技术"均是远程医疗的重要工程科技，与疾病预防和监测的重要工程科技重合（如图7—5所示）。22.2%的专家提到"信息化"、12.2%的专家提到"人工智能"、9.8%的专家提到"大数据"，是出现频率较高的关键词。可以认为，处理、传输以个人为中心的健康数据和医院诊疗数据形成的海量医疗健康大数据是实现远程医疗的关键，同时早期预警、精准化、个性化的健康管理和治疗仍是远程医疗的重点，上述工程科技相应具有更高的重要性。

面向社区的健康大数据及智能健康管理系统	52.0
慢性病防控工程与治疗关键技术	36.0
基于组学大数据的疾病预警及风险评估技术	32.0
基于生物医学大数据的个性化健康管理技术	32.0
智能药物递送体系与新型药物制剂技术	20.0
细胞与组织修复及器官再生的新技术与应用	20.0
预防及干预药物与疫苗研发关键技术	16.0
人工智能与大脑模拟关键技术	16.0

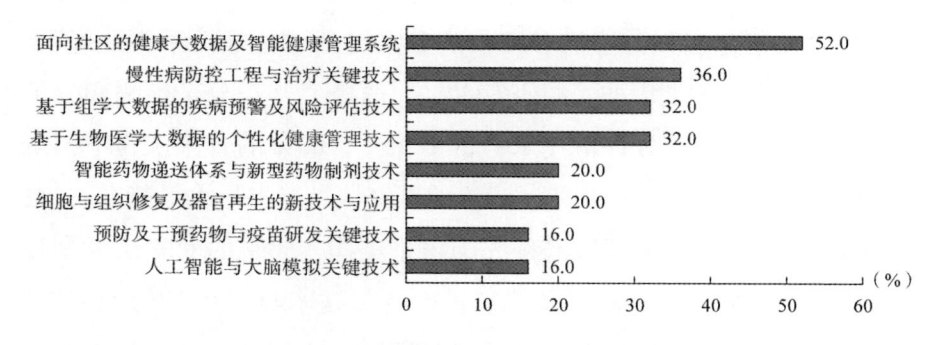

图7—5 远程医疗工程科技需求

在研发水平方面，选择"面向社区的健康大数据及智能健康管理系统"的专家中，46.2%认为中国研发水平基本与国际水平保持一致，31.8%认为落后国际水平5—10年。30.8%的专家认为日本是该项技术的领先国家，15.4%的专家认为美国是该项技术的领先国家。

第二节 面向2040年能源行业发展的工程科技需求分析

一 经济社会发展愿景对能源工程科技的需求

根据习近平总书记提出的新"两步走"发展战略，到2035年中国将基本实现现代化，到2050年全面建成社会主义现代化强国。2040年，随着工业化和城镇化基本完成，中国将整体进入高级城市型社会，人口总量处于达峰后的下降通道，人民生活水平不断提高。经济社会发展进入新的阶段，对能源的需求也将产生变化。

能源发展应满足经济社会发展和人们生产生活所需的能源需求，

保障国家能源安全。到 2040 年，中国能源领域也将发生重大变化。能源生产、消费总量和温室气体排放总量都将处于达峰后的下降通道；能源生产结构将会出现较大变化，煤炭的占比尽管将会进一步下降，但仍然最大；能源消费结构方面，化石能源的占比将进一步下降，清洁能源占比也将有所提升；以工业用能为主过渡到以居民家庭能源消费、交通部门消费为主。

基于上述能源发展愿景分析，结合中国能源资源禀赋状况以及能源技术发展的基本规律，到 2040 年中国经济社会发展对能源行业工程科技需求大致有以下五个方面：

第一，从能源消费角度来看，要满足未来经济社会发展需求，对节能的需求增加。中国是一个人口众多、能源相对不足的发展中国家。能源资源是支撑国民经济和社会发展的重要物质基础，要实现经济社会的可持续发展，就必须节约能源，提高能源利用效率。《中华人民共和国节约能源法（2018 修正）》指出，工业节能、建筑节能和交通运输节能是中国节能工作的三大重点领域。到 2040 年，中国能源消费的部门结构将以居民家庭能源消费、交通部门能源消费为主，交通体系将向着车辆节能化、动力电气化、排放清洁化的方向发展，因此，发展新能源汽车、新型轨道交通技术的需求增加。

第二，从能源供给角度来看，由于传统化石能源在中国能源体系中的基础性地位还无法替代，需要大力发展化石能源清洁高效开发利用技术。资源禀赋状况决定了煤炭是中国最重要的基础能源，到 2040 年，煤炭的占比虽然将进一步下降，但仍将是中国的主要能源之一。目前，中国煤炭清洁高效转化和利用水平亟待提升，先进煤炭开发利用技术急需进一步研发、示范推广。因此，化石能源尤其是煤炭的洁净和高附加值利用技术将成为重要的需求方向。

第三，从能源安全角度看，为了扭转油气对外依存度持续快速攀升的局面，提升油气资源国内保障能力，对油气勘探开发技术的需求增加。中国已成为油气生产与消费大国，非常规油气也已进入规模化勘探和工业化开发阶段，但近年来油气对外依存度持续快速攀升，油气资源国内保障程度较低，难以满足中国巨大的能源需求。2019年，中国原油进口量为50572万吨，增长9.5%，石油对外依存度达70.8%；天然气进口量为9660万吨，同比增长6.9%，对外依存度达43%。为了保障能源安全，提升石油、天然气资源的国内保障能力，到2040年，对非常规油气、深海油气等油气勘探开发技术需求增加。

第四，从环境约束的角度看，随着温室气体减排标准不断提高和环境监管政策不断趋严，对清洁能源技术的需求增加。随着经济发展阶段的变化和人民生活水平的提高，人们对生态环境质量要求也不断提高，温室气体减排和环境监管政策将不断趋严，对清洁能源的需求将增加。一般来说，清洁能源包括核能和可再生能源。因此，到2040年对核能技术和可再生能源技术的需求将增加。

第五，从能源管理的角度看，为了提高能源系统整体效率，对智能电网、储能等技术的需求增加。目前，中国的能源利用效率仍然偏低。到2040年，各能源系统独立规划、设计和运行的既有模式将被打破，形成包括水、电、燃气、热力、储能等能源的一体化综合能源系统。这种由多种能源组成的智能化综合网络，将各种能源与交通、信息、医疗等社会基础设施相结合，通过对整个系统进行有机协调与科学调度，实现能源资源的优化配置，提升能源系统整体效率。因此，构建智能电网、发展储能技术是重要的需求方向。

二　能源行业的工程科技需求调查

（一）调查问卷的设计思路

为了明确未来能源工程科技发展方向和路线，科学地预测未来经济社会发展对能源科技发展的需求，以及客观地分析科技发展对经济社会发展的影响，使科技更好地服务于国家经济社会发展，本研究基于两个方面对能源工程科技的需求进行调查问卷的设计。一方面，基于2040年经济社会发展愿景分析，能源科技的发展应符合并满足经济社会可持续发展的要求，提出能源领域工程科技的需求方向，为面向2040年的经济社会发展的工程科技需求研究提供支撑；另一方面，基于2040年能源行业未来发展趋势预测和愿景分析，在尊重能源技术发展规律的基础上，调查研究能源行业的重点工程科技需求。

因此，在进行调查问卷设计时，本书借鉴OECD、APEC等国际机构和组织，以及美国、日本、英国、德国等主要发达国家对科技发展趋势的预见和监测研究方法，从经济社会发展对能源工程科技需求和能源行业本身发展趋势预测两个方面出发，设计调查问题，调查方法主要采用德尔菲法，通过广泛征集专家意见、汇聚专家智慧，对面向2040能源领域工程科技的重点需求方向进行选择判断。

本次问卷调查的对象主要包括中国科协能源相关一级学会的专家、能源行业协会的专家、企业家、经济学家、社会学家以及其他利益相关者等。调查采取由受访者独立填写问卷的方式，通过网上答题填报的方式，收集各界人士对能源行业技术清单中所列技术方向的专业评价。问卷调查分两轮开展，根据第一轮调查统计结果以及问卷调查中专家新提出的工程科技需求方向，对技术清单进行修订，进一步筛选提炼出未来能源领域工程科技发展的重点领域和需求方向，形成第二轮调查的备选技术清单和调查问卷；组织开展第二轮专家调查和问卷统计分析，最终形成能源领域工程科技需求分析报告，为面向2040工程科技需求分析提供支撑。

本次问卷共分为三个部分：第一部分为背景介绍，第二部分为填写说明，第三部分为调研问题。在背景介绍部分，特别对未来20年中国能源的发展愿景及对能源需求变化趋势进行了简要描述，以便尽量让专家能够在未来 20 年的场景下进行问题选择和填写。在调研问题部分，将能源领域的工程科技分为煤炭清洁利用技术、新能源汽车技术、智能电网技术与储能技术、可再生能源技术、油气勘探开发技术和核能技术六个方面。每部分包括受访人员对相关技术的熟悉程度、技术重要程度、研发水平、技术发展路径、产业化前景以及开放性问题。采用开放问题的方式，由受访者自行填写，从而弥补本问卷设计中可能忽略的重要因素，以及本问卷设计中存在的缺陷与不足。具体问卷详见附录二。

（二）能源行业技术集的确定

本次工程科技需求调查的技术备选集充分参考第六章国家未来发展战略中有关能源行业的科技发展方向《中国工程科技 2035 发展战略：能源与矿业领域报告》《中国至 2050 年能源科技发展路线图》《中国先进能源 2035 技术预见》的研究，备选技术集包括煤炭清洁高效开发利用技术、可再生能源技术、新能源汽车技术、智能电网技术与储能技术、油气勘探开发技术和核能技术共六个方向，每个方向涵盖若干优先发展技术。

表 7—2　　2040 能源行业工程科技优先发展技术集

煤炭清洁高效开发利用技术	1. 煤矿开采地质条件评价及其探测关键技术
	2. 深部和特大型矿井安全开采关键技术
	3. 煤炭洗选与提质关键技术
	4. 煤炭开采与生态环境保护关键技术
	5. 煤炭及其共伴生资源智能化协同开采技术体系
	6. 新一代 IGCC 与 IGFC 发电及多联产技术
	7. 700°C 先进超超临界燃煤发电技术
	8. 先进循环流化床发电技术
	9. 煤炭分质、分级转化利用技术
	10. 先进二氧化碳捕集、利用和封存技术

第七章 基于未来重点产业发展的工程科技发展需求分析　　133

续表

油气勘探开发技术	1. 基于大数据的数字盆地与剩余资源预测评价技术
	2. 纳米机器人井下油气快速开采技术
	3. 宽频带、宽方位、高覆盖地球物理勘探技术
	4. 低品位—非常规油气清洁高效压驱一体化技术
	5. 实时测量、评价、导向一体化智能随钻测井技术
	6. 钻井实时智能优化钻井系统（自动化钻井）
	7. 无水压裂技术
	8. 天然气水合物大规模安全经济开采关键技术与装备
	9. 超深层油气成藏理论与有效开发技术
	10. 海洋深水钻完井与事故快速处理技术及装备
	11. 无钻机探测技术
	12. 煤层气、页岩气大规模高效勘探开发技术
核能技术	1. 一体化燃料循环的自主大型商用快堆技术
	2. 耐事故燃料元件技术
	3. 核电站消除大规模放射性物质释放安全技术
	4. 非常规铀资源综合开发技术
	5. 高放废物深地质处置关键技术
	6. 先进核能系统的核燃料后处理技术
	7. 激光抑制凝聚法同位素分离技术
	8. 铀资源多维智能化勘查技术
	9. Z－箍缩驱动聚变裂变混合堆技术
	10. 全智能一体化小型模块式反应堆技术
	11. 核能制氢及氦气透平发电技术
	12. 在役反应堆高放射性条件下设备状态监测、维修及评价技术

续表

可再生能源技术	1. 高效光伏环保型功能材料技术
	2. 大型中高速永磁风电机组关键技术
	3. 农林畜牧废弃物能源化工技术
	4. 增强型地热发电工程技术
	5. 多馈入大规模特高压直流水电消纳和调峰关键技术
	6. 大规模可再生能源电解水制氢技术
	7. 高效率聚光器及聚光场设计技术
	8. 主动型生物质能源的培育与转化技术
	9. 大型直驱永磁风电机组关键技术
	10. 低风速风电机组关键技术
	11. 高可靠光伏建筑一体化智能微网技术
新能源汽车技术	1. 电机驱动技术
	2. 电池技术
	3. 集成电力电子技术
	4. 混合动力和纯电动汽车整车技术
	5. 新型轨道交通技术
智能电网与储能技术	1. 高压大容量柔性直流输电技术
	2. 规模化新型电能存储技术
	3. 规模化车网融合互动技术
	4. 电力用户与电网深度互动技术
	5. 以智能电网为基础的综合能源系统
	6. 高电压、大功率新型电力电子装置
	7. 高温超导电力装备及应用技术
	8. 电网运行态势感知与韧性电网

三 调查结果分析

本次调查依托能源行业协会、研究机构、企业相关专家进行问卷填答，回收有效问卷60份。从专家的类型来看，技术型专家38人，占比最高，为63.3%；来自企业型专家有15人，占25%；战略型专家7人，占比11.7%。从专家所在机构来看，有35位专家来自企业，占比最高，为58.3%；有14位专家来自高校，占23.3%；有11位专家来自研究院所，占18.3%。

（一）化石能源清洁高效开发利用技术分析

根据专家对化石能源尤其是煤炭清洁高效开发利用技术相关问题的打分以及开放性问题的回答情况来看，2040年，对煤炭清洁高效开发利用技术的需求方面，700°C先进超超临界燃煤发电技术、先进二氧化碳捕集、利用和封存技术和煤炭开采与生态环境保护关键技术是较重要、产业化前景较好的重要方向。

具体来看（如图7—6所示），700°C先进超超临界燃煤发电技术的当前国内研发水平和发展路径得分都相对较高，煤炭开采与生态环境保护关键技术与先进二氧化碳捕集、利用和封存技术在当前国内研发水平和发展路径的得分相对其他技术来说偏低。可见，700°C先进超超临界燃煤发电技术是对未来煤炭清洁高效开发利用很重要、产业化前景较好、国内研发水平较高且可以实现自主开发的优先发展方向；煤炭开采与生态环境保护关键技术与先进二氧化碳捕集、利用和封存技术是对未来煤炭清洁高效开发利用很重要、产业化前景较好但是国内研发进程亟待加强的发展方向。

重要程度得分

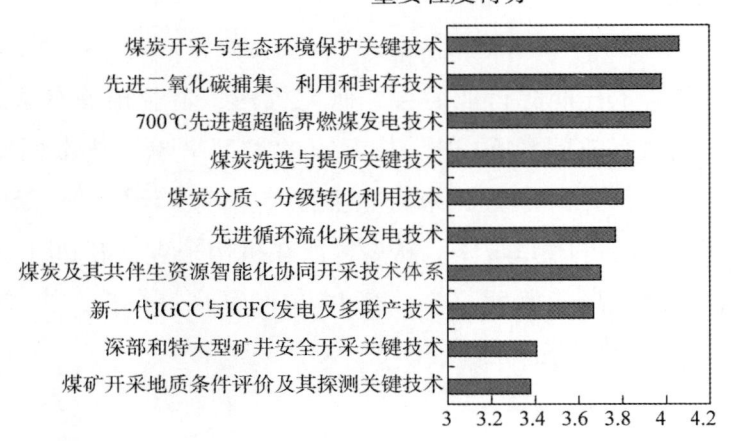

技术	得分
煤炭开采与生态环境保护关键技术	~4.1
先进二氧化碳捕集、利用和封存技术	~4.0
700℃先进超超临界燃煤发电技术	~3.9
煤炭洗选与提质关键技术	~3.85
煤炭分质、分级转化利用技术	~3.8
先进循环流化床发电技术	~3.75
煤炭及其共伴生资源智能化协同开采技术体系	~3.7
新一代IGCC与IGFC发电及多联产技术	~3.65
深部和特大型矿井安全开采关键技术	~3.4
煤矿开采地质条件评价及其探测关键技术	~3.4

产业化前景得分

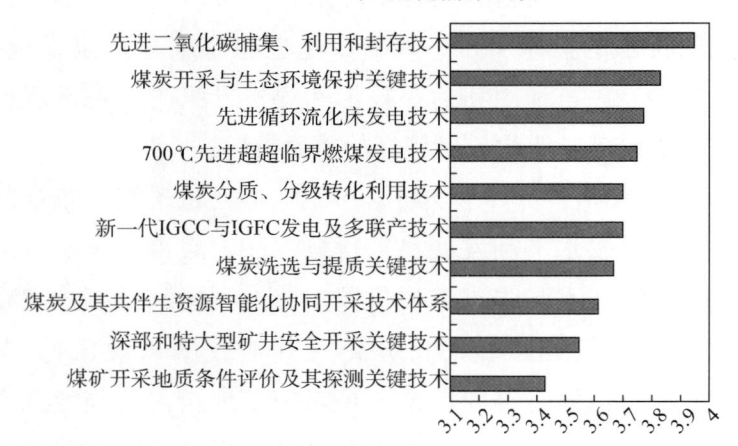

技术	得分
先进二氧化碳捕集、利用和封存技术	~3.9
煤炭开采与生态环境保护关键技术	~3.85
先进循环流化床发电技术	~3.8
700℃先进超超临界燃煤发电技术	~3.8
煤炭分质、分级转化利用技术	~3.75
新一代IGCC与IGFC发电及多联产技术	~3.75
煤炭洗选与提质关键技术	~3.7
煤炭及其共伴生资源智能化协同开采技术体系	~3.6
深部和特大型矿井安全开采关键技术	~3.5
煤矿开采地质条件评价及其探测关键技术	~3.4

当前国内研发水平得分

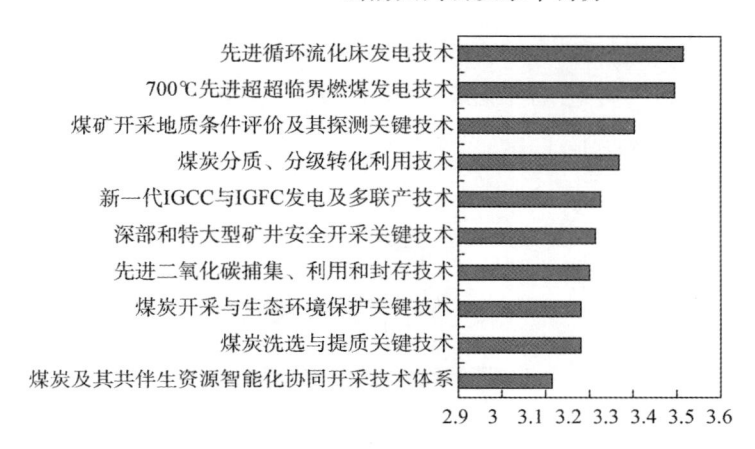

- 先进循环流化床发电技术
- 700℃先进超超临界燃煤发电技术
- 煤矿开采地质条件评价及其探测关键技术
- 煤炭分质、分级转化利用技术
- 新一代IGCC与IGFC发电及多联产技术
- 深部和特大型矿井安全开采关键技术
- 先进二氧化碳捕集、利用和封存技术
- 煤炭开采与生态环境保护关键技术
- 煤炭洗选与提质关键技术
- 煤炭及其共伴生资源智能化协同开采技术体系

(2.9　3　3.1　3.2　3.3　3.4　3.5　3.6)

发展路径得分

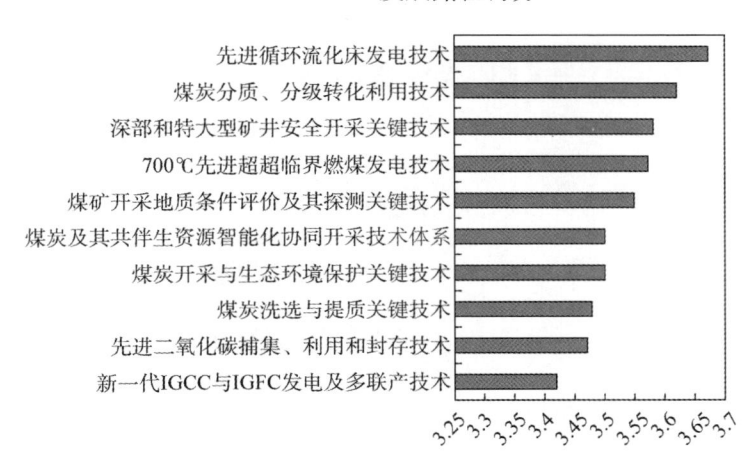

- 先进循环流化床发电技术
- 煤炭分质、分级转化利用技术
- 深部和特大型矿井安全开采关键技术
- 700℃先进超超临界燃煤发电技术
- 煤矿开采地质条件评价及其探测关键技术
- 煤炭及其共伴生资源智能化协同开采技术体系
- 煤炭开采与生态环境保护关键技术
- 煤炭洗选与提质关键技术
- 先进二氧化碳捕集、利用和封存技术
- 新一代IGCC与IGFC发电及多联产技术

(3.25　3.3　3.35　3.4　3.45　3.5　3.55　3.6　3.65　3.7)

图7—6　煤炭清洁高效开发利用的优先发展技术集得分情况

（二）新能源汽车技术分析

根据专家对交通能源技术相关问题的打分以及开放性问题的回答情况来看，2040年，对新能源汽车技术的需求方面，电池技术、新型轨道交通技术是较重要、产业化前景比较好的方向。

具体来看（如图7—7所示），电池技术和新型轨道交通技术的重要程度、产业化前景、当前国内研发水平、发展路径得分均排在前两位。可以说，电池技术和新型轨道交通技术是对未来交通领域节能很重要、产业化前景较好、国内研发水平较高且可以实现自主开发的优先发展方向。

重要程度得分

技术	得分
电池技术	~4.5
新型轨道交通技术	~4.2
集成电力电子技术	~4.1
混合动力和纯电动汽车整车技术	~4.1
电机驱动技术	~3.9

3.7 3.8 3.9 4 4.1 4.2 4.3 4.4 4.5 4.6

产业化前景得分

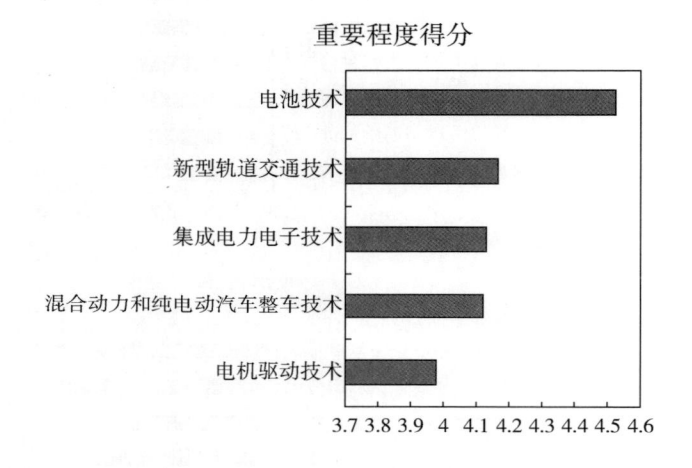

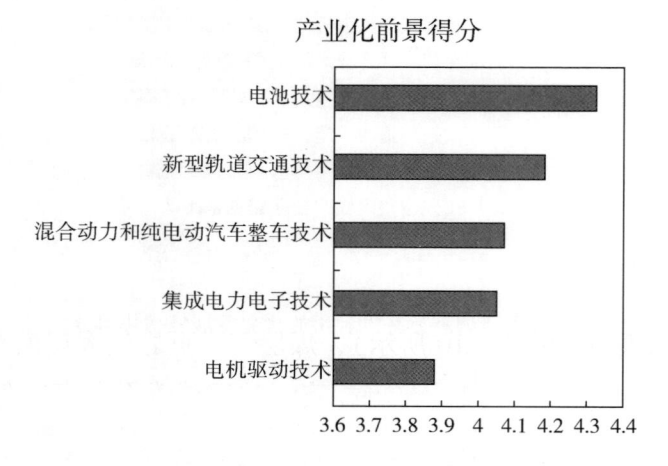

技术	得分
电池技术	~4.3
新型轨道交通技术	~4.2
混合动力和纯电动汽车整车技术	~4.1
集成电力电子技术	~4.1
电机驱动技术	~3.9

3.6 3.7 3.8 3.9 4 4.1 4.2 4.3 4.4

图7—7 新能源汽车技术的优先发展技术集得分情况

另外，根据专家们回答开放性问题的词频分析结果显示（如图

7—8 所示），燃料电池、氢能汽车等也是新能源汽车技术发展的重要需求方向。

图 7—8　新能源汽车技术发展的其他重要需求方向词频图

（三）油气勘探开发技术分析

根据专家对油气勘探开发技术相关问题的打分以及开放性问题的回答情况来看（如图 7—9 所示），2040 年，对深海油气、非常规油气勘探开发技术的需求方面，煤层气、页岩气大规模高效勘探开发技术、海洋深水钻完井与事故快速处理技术及装备、钻井实时智能优化钻井系统是相对重要、产业化前景较好的发展方向。

具体来看（如图 7—10 所示），煤层气、页岩气大规模高效勘探开发技术、海洋深水钻完井与事故快速处理技术及装备、钻井实时智能优化钻井系统的当前研发水平得分均不高，处于国际一般水平，且发展路径得分较低，尤其是钻井实时智能优化钻井系统，实现自主开发难度较大，亟待加快研发进程。

重要程度得分

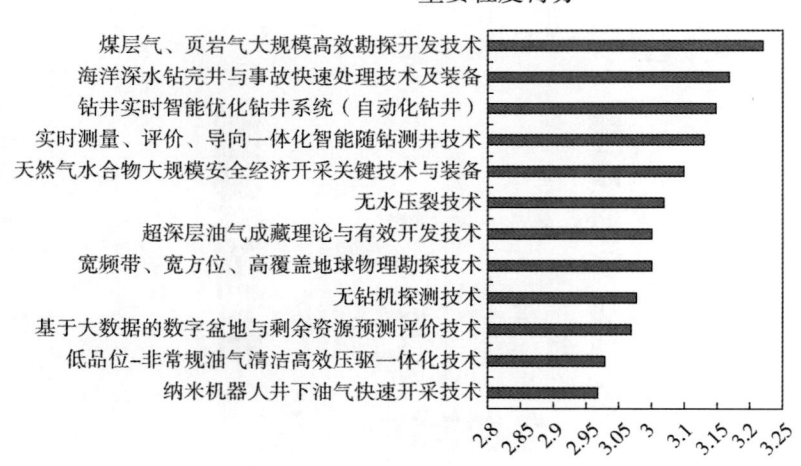

- 煤层气、页岩气大规模高效勘探开发技术
- 海洋深水钻完井与事故快速处理技术及装备
- 钻井实时智能优化钻井系统(自动化钻井)
- 实时测量、评价、导向一体化智能随钻测井技术
- 天然气水合物大规模安全经济开采关键技术与装备
- 无水压裂技术
- 超深层油气成藏理论与有效开发技术
- 宽频带、宽方位、高覆盖地球物理勘探技术
- 无钻机探测技术
- 基于大数据的数字盆地与剩余资源预测评价技术
- 低品位-非常规油气清洁高效压驱一体化技术
- 纳米机器人井下油气快速开采技术

2.8　2.85　2.9　2.95　3　3.05　3.1　3.15　3.2　3.25

产业化前景得分

- 宽频带、宽方位、高覆盖地球物理勘探技术
- 煤层气、页岩气大规模高效勘探开发技术
- 天然气水合物大规模安全经济开采关键技术与装备
- 纳米机器人井下油气快速开采技术
- 无钻机探测技术
- 海洋深水钻完井与事故快速处理技术及装备
- 实时测量、评价、导向一体化智能随钻测井技术
- 超深层油气成藏理论与有效开发技术
- 无水压裂技术
- 钻井实时智能优化钻井系统(自动化钻井)
- 低品位-非常规油气清洁高效压驱一体化技术
- 基于大数据的数字盆地与剩余资源预测评价技术

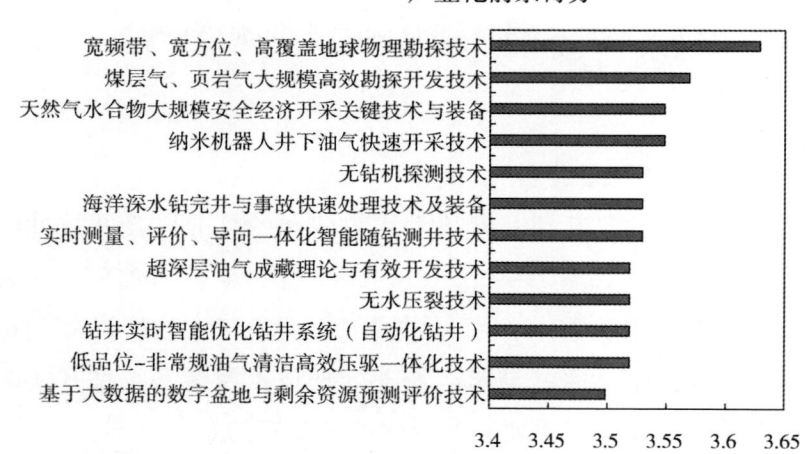

3.4　3.45　3.5　3.55　3.6　3.65

图 7—9　油气勘探开发技术的优先发展技术集得分情况

当前国内研发水平得分

- 宽频带、宽方位、高覆盖地球物理勘探技术
- 天然气水合物大规模安全经济开采关键技术与装备
- 超深层油气成藏理论与有效开发技术
- 海洋深水钻完井与事故快速处理技术及装备
- 煤层气、页岩气大规模高效勘探开发技术
- 基于大数据的数字盆地与剩余资源预测评价技术
- 无水压裂技术
- 实时测量、评价、导向一体化智能随钻测井技术
- 钻井实时智能优化钻井系统（自动化钻井）
- 无钻机探测技术
- 低品位-非常规油气清洁高效区驱一体化技术
- 纳米机器人井下油气快速开采技术

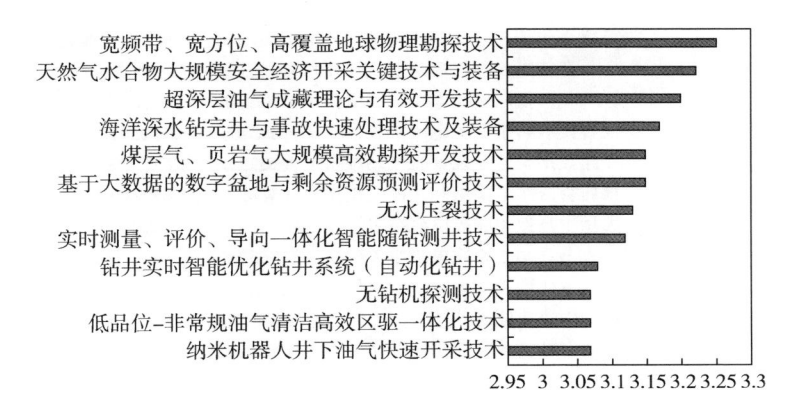

2.95　3　3.05 3.1 3.15 3.2 3.25 3.3

图 7—10　油气勘探开发技术优先发展技术的研发水平

（四）可再生能源技术分析

根据专家对可再生能源技术相关问题的打分以及开放性问题的回答情况来看，2040 年，对清洁能源的需求方面，高可靠光伏建筑一体化智能微网技术、高效光伏环保型功能材料技术、低风速风电机组关键技术是较重要、产业化前景比较好的方向。

具体来看（如图 7—11 所示），高可靠光伏建筑一体化智能微网技术、低风速风电机组关键技术的当前研发水平得分不是很高，自主开发难度大；高效光伏环保型功能材料技术的研发水平得分虽然较前两者高，但仍然难以实现自主开发。因此，高可靠光伏建筑一体化智能微网技术、高效光伏环保型功能材料技术、低风速风电机组关键技术是对可再生能源技术相对重要、产业化前景较好但亟待加快研发进程、提升研发水平的优先发展方向。

重要程度得分

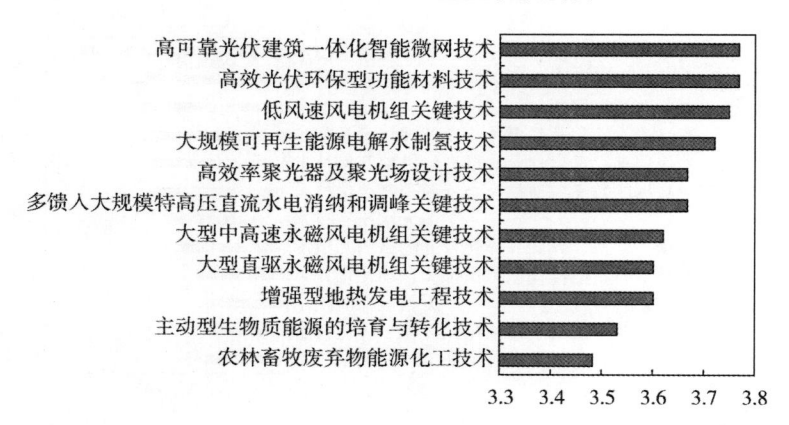

- 高可靠光伏建筑一体化智能微网技术
- 高效光伏环保型功能材料技术
- 低风速风电机组关键技术
- 大规模可再生能源电解水制氢技术
- 高效率聚光器及聚光场设计技术
- 多馈入大规模特高压直流水电消纳和调峰关键技术
- 大型中高速永磁风电机组关键技术
- 大型直驱永磁风电机组关键技术
- 增强型地热发电工程技术
- 主动型生物质能源的培育与转化技术
- 农林畜牧废弃物能源化工技术

3.3　3.4　3.5　3.6　3.7　3.8

产业化前景得分

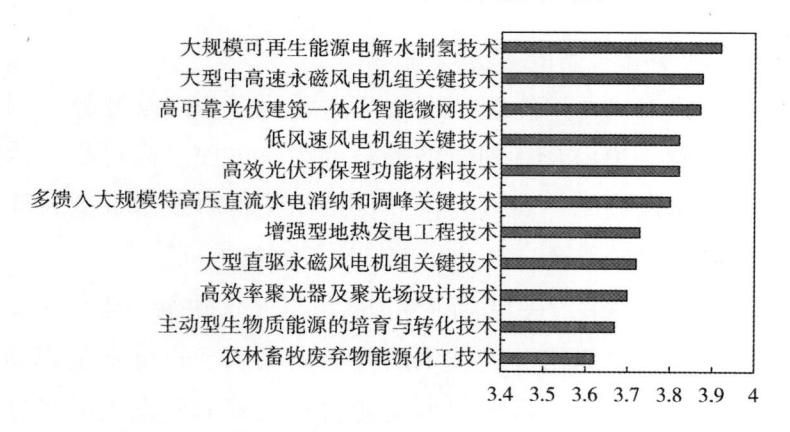

- 大规模可再生能源电解水制氢技术
- 大型中高速永磁风电机组关键技术
- 高可靠光伏建筑一体化智能微网技术
- 低风速风电机组关键技术
- 高效光伏环保型功能材料技术
- 多馈入大规模特高压直流水电消纳和调峰关键技术
- 增强型地热发电工程技术
- 大型直驱永磁风电机组关键技术
- 高效率聚光器及聚光场设计技术
- 主动型生物质能源的培育与转化技术
- 农林畜牧废弃物能源化工技术

3.4　3.5　3.6　3.7　3.8　3.9　4

图 7—11　可再生能源技术的优先发展技术集得分情况

另外，根据专家们回答开放性问题的词频分析结果显示（如图 7—12 所示），可再生能源综合利用系统也是可再生能源技术发展的重要需求方向。

图 7—12　可再生能源技术发展的其他重要需求方向词频图

（五）核能技术分析

根据专家对核能技术相关问题的打分以及开放性问题的回答情况来看，2040 年，对清洁能源的需求方面，先进核能系统的核燃料后处理技术、高放废物深地质处置关键技术、在役反应堆高放射性条件下设备状态监测、维修及评价技术是相对重要、产业化前景比较好的方向。

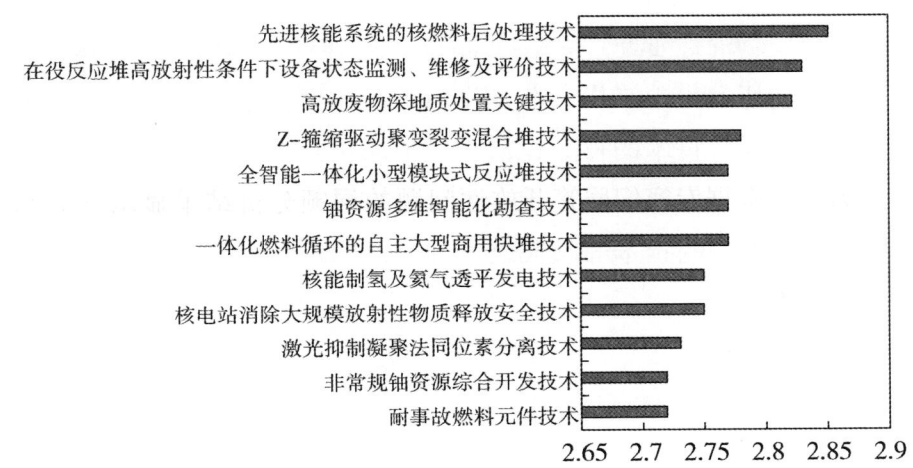

重要程度得分

技术	得分
先进核能系统的核燃料后处理技术	~2.85
在役反应堆高放射性条件下设备状态监测、维修及评价技术	~2.83
高放废物深地质处置关键技术	~2.81
Z-箍缩驱动聚变裂变混合堆技术	~2.78
全智能一体化小型模块式反应堆技术	~2.77
铀资源多维智能化勘查技术	~2.77
一体化燃料循环的自主大型商用快堆技术	~2.77
核能制氢及氦气透平发电技术	~2.75
核电站消除大规模放射性物质释放安全技术	~2.74
激光抑制凝聚法同位素分离技术	~2.72
非常规铀资源综合开发技术	~2.72
耐事故燃料元件技术	~2.71

产业化前景得分

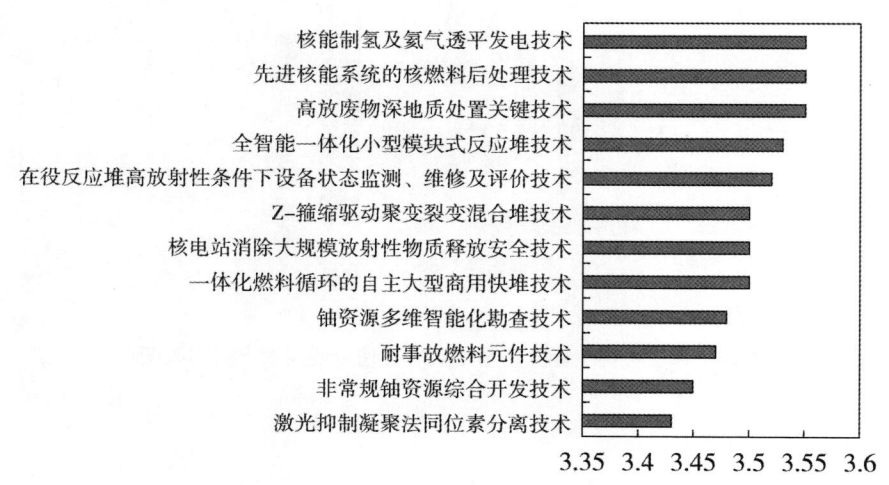

- 核能制氢及氢气透平发电技术
- 先进核能系统的核燃料后处理技术
- 高放废物深地质处置关键技术
- 全智能一体化小型模块式反应堆技术
- 在役反应堆高放射性条件下设备状态监测、维修及评价技术
- Z-箍缩驱动聚变裂变混合堆技术
- 核电站消除大规模放射性物质释放安全技术
- 一体化燃料循环的自主大型商用快堆技术
- 铀资源多维智能化勘查技术
- 耐事故燃料元件技术
- 非常规铀资源综合开发技术
- 激光抑制凝聚法同位素分离技术

3.35　3.4　3.45　3.5　3.55　3.6

图 7—13　核能技术的优先发展技术集得分情况

具体来看，先进核能系统的核燃料后处理技术、高放废物深地质处置关键技术、在役反应堆高放射性条件下设备状态监测、维修及评价技术的重要程度得分最高，虽然均达不到 3，但相对于其他技术方向更重要。在役反应堆高放射性条件下设备状态监测、维修及评价技术的产业化前景得分虽然较先进核能系统的核燃料后处理技术、高放废物深地质处置关键技术低一些，但产业化前景仍然较好；但是就当前研发水平来说，在役反应堆高放射性条件下设备状态监测、维修及评价技术的得分也低于其他两项技术。总体来说，调查结果显示，专家们认为先进核能系统的核燃料后处理技术、高放废物深地质处置关键技术等核能技术的当前国内研发水平大致相当于国际一般水平。

当前国内研发水平得分

- 先进核能系统的核燃料后处理技术
- 一体化燃料循环的自主大型商用快堆技术
- 高放废物深地质处置关键技术
- 非常规铀资源综合开发技术
- 在役反应堆高放射性条件下设备状态监测、维修及评介技术
- 核电站消除大规模放射性物质释放安全技术
- 耐事故燃料元件技术
- 核能制氢及氦气透平发电技术
- 全智能一体化小型模块式反应堆技术
- 激光抑制凝聚法同位素分离技术
- Z-箍缩驱动聚变裂变混合堆技术
- 铀资源多维智能化勘查技术

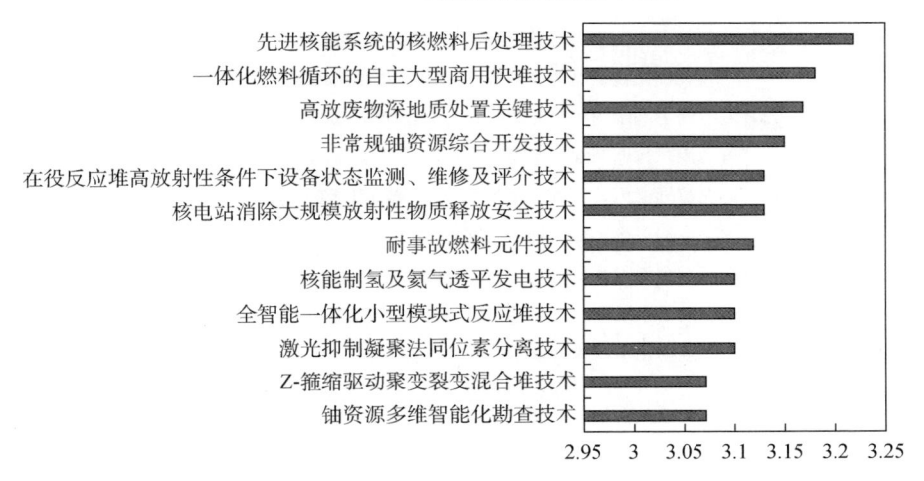

2.95　3　3.05　3.1　3.15　3.2　3.25

图 7—14　核能技术优先发展技术集的研发水平

（六）智能电网与储能技术分析

根据专家对智能电网与储能技术相关问题的打分以及开放性问题的回答情况来看，2040 年，对智能电网、储能技术的需求方面，大型电力储能技术、规模化新型电能存储技术和以智能电网为基础的综合能源系统是很重要、产业化前景很好的方向。

具体来看（如图 7—15 所示），大型电力储能技术、规模化新型电能存储技术和以智能电网为基础的综合能源系统的重要程度、产业化前景得分均排在前三位，当前研发水平、发展路径得分较高。可以说，大型电力储能技术、规模化新型电能存储技术和以智能电网为基础的综合能源系统是对未来智能电网、储能技术很重要、产业化前景很好、接近国际先进水平且基本可以实现自主开发的优先发展方向。

重要程度得分

- 大型电力储能技术
- 规模化新型电能存储技术
- 以智能电网为基础的综合能源系统
- 电力用户与电网深度互动技术
- 高温超导电力装备及应用技术
- 电网运行态势感知与韧性电网
- 高压大容量柔性直流输电技术
- 高电压、大功率新型电力电子装置
- 规模化车网融合互动技术

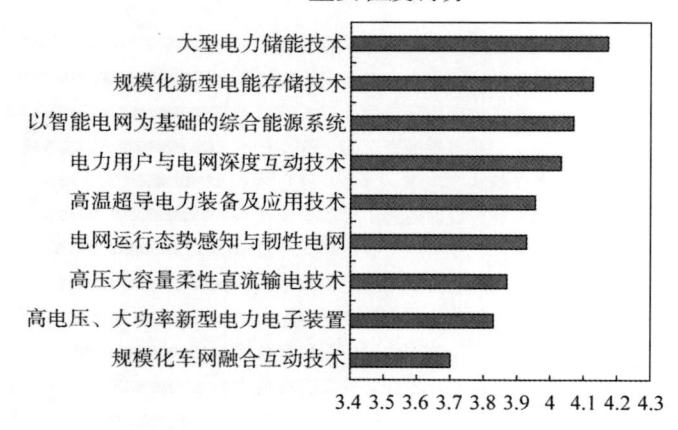

3.4 3.5 3.6 3.7 3.8 3.9 4 4.1 4.2 4.3

产业化前景得分

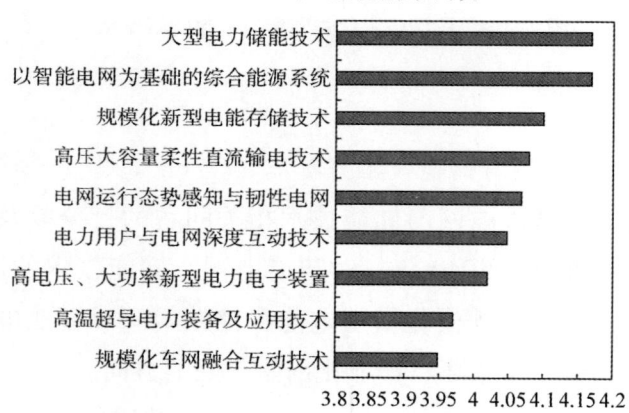

- 大型电力储能技术
- 以智能电网为基础的综合能源系统
- 规模化新型电能存储技术
- 高压大容量柔性直流输电技术
- 电网运行态势感知与韧性电网
- 电力用户与电网深度互动技术
- 高电压、大功率新型电力电子装置
- 高温超导电力装备及应用技术
- 规模化车网融合互动技术

3.8 3.85 3.9 3.95 4 4.05 4.1 4.15 4.2

图 7—15 智能电网与储能技术的优先发展技术集得分情况

另外，根据专家们回答开放性问题的词频分析结果显示（如图 7—16 所示），调节技术、储能安全技术、储能材料技术也是智能电网与储能技术发展的重要需求方向。

图 7—16　智能电网与储能技术发展的其他重要需求方向词频图

（七）能源行业的其他工程科技需求分析

从调查问卷结果来看，专家认为到 2040 年，为了保障能源安全，满足未来经济社会发展对清洁、高效、绿色、低碳、智慧、多元化能源的需求，能源行业的其他工程科技需求还应考虑能源互联网、能源综合系统/综合能源服务、氢能利用技术等方面。

图 7—17　能源行业的其他工程科技需求词频图

参考文献

陈英、景维民:《卡莱茨基经济学》,山西经济出版社 1999 年版。

范剑平主编、王小广副主编:《中国城乡居民消费结构变化趋势》,人民出版社 2001 年版。

范剑平主编、杨大侃副主编:《居民消费与中国经济发展》,中国计划出版社 2000 年版。

房爱卿主编,范剑平、朱小良副主编:《我国消费需求发展趋势和消费政策研究》,中国经济出版社 2006 年版。

杭斌:《经济转型期中国城乡居民消费行为的实证研究》,中国统计出版社 2006 年版。

胡鞍钢、鄢一龙、魏星:《2030 中国:迈向共同富裕》,中国人民大学出版社 2011 年版。

《技术预见报告》编委会编:《技术预见报告 2008》,科学出版社 2008 年版。

李京文主编:《21 世纪中国经济大趋势》,辽宁人民出版社 1998 年版。

李兴国主编:《信息管理学》(第二版),高等教育出版社 2007 年版。

李善同、侯永志、翟凡:《总论:中长期内中国经济仍然具有快速增长的潜力》,载李善同主编,侯永志、翟凡副主编《快速增长没有终结——中外专家看中国经济增长潜力》,中国财政经济出版社

2001年版。

林白鹏、臧旭恒:《消费经济学大辞典》,经济科学出版社2000年版。

刘世锦等:《陷阱还是高墙?——中国经济面临的真实挑战和战略选择》,中信出版社2011年版。

刘世锦主编:《在改革中形成增长新常态》,中信出版社2014年版。

［美］马斯洛:《马斯洛的智慧:马斯洛人本哲学解读》,刘烨编译,中国电影出版社2005年版。

［美］西蒙·库兹涅茨:《各国的经济增长》(第2版),常勋等译,商务印书馆1999年版。

［美］里昂惕夫:《投入产出经济学》,崔书香译,商务印书馆1980年版。

［美］Ray kurzwell:《奇点临近:2045年,当计算机智能超越人类》,李庆诚、董振华、田源译,机械工业出版社2011年版。

上海市科学学研究所编著:《区域战略性技术路线图研究案例——健康上海》,上海科学技术出版社2013年版。

孙凤:《消费者行为数量研究——以中国城镇居民为例》,上海三联书店、上海人民出版社2002年版。

王元、孙福全等编著:《"十二五"末及未来国家经济与社会发展愿景研究》,科学技术文献出版社2012年版。

王小鲁、樊纲主编:《中国经济增长的可持续性——跨世纪的回顾与展望》,经济科学出版社2000年版。

尹世杰主编:《中国消费结构合理化研究》,湖南大学出版社2001年版。

姚愉芳、贺菊煌等编著:《中国经济增长与可持续发展——理论、模型与应用》,社会科学文献出版社1998年版。

杨治:《产业经济学导论》,中国人民大学出版社1985年版。

曾路、孙永明编著:《产业技术路线图原理与制定》,华南理工大学出版社 2007 年版。

"中国工程科技 2035 发展战略研究"项目组：《中国工程科技 2035 发展战略：技术预见报告》，科学出版社 2019 年版。

"中国工程科技 2035 发展战略研究"项目组：《中国工程科技 2035 发展战略：能源与矿业领域报告》，科学出版社 2019 年版。

"中国工程科技 2035 发展战略研究"项目组：《中国工程科技 2035 发展战略：医疗卫生领域报告》，科学出版社 2019 年版。

中国未来 20 年技术预见研究组：《中国未来 20 年技术预见》，科学出版社 2006 年版。

中国科学院能源领域战略研究组：《中国至 2050 年能源科技发展路线图》，科学出版社 2009 年版。

中国科学院创新发展研究中心、中国先进能源技术预见研究组：《中国先进能源 2035 技术预见》，科学出版社 2020 年版。

[美] 邹至庄：《中国经济转型》，中国人民大学出版社 2005 年版。

安达、李梦男、许守任、陶利、梁智昊：《中国工程科技信息与电子领域 2035 技术预见研究》，《中国工程科学》2017 年第 1 期。

白云飞、谢超颖、余璐、张培锋：《清潩河流域水环境预测预警平台的设计与构建》，《中州大学学报》2017 年第 4 期。

卞靖、成丽敏：《中等收入阶段消费升级的国际经验》，《宏观经济管理》2013 年第 9 期。

蔡辉、张颖、倪宗瓒：《Delphi 法中评价专家的筛选》，《中国卫生事业管理》1995 年第 1 期。

曹勇：《2040 年世界能源展望——埃克森美孚 2018 版预测报告解读》，《当代石油石化》2018 年第 4 期。

陈峰：《日本第八次技术预见方法的创新》，《中国科技论坛》2007 年第 8 期。

陈旭、施国良：《基于情景分析和专利地图的企业技术预见模式》，

《情报杂志》2016年第5期。

陈鸿、祖拉提力提甫:《新疆最终需求结构与产业结构关联性研究——基于IO模型的分析》,《全国商情:经济理论研究》2013年第8期。

陈憧:《美国居民消费结构变迁对中国的启示》,《中共福建省委党校学报》2010年第9期。

陈玉祥:《专家调查法》,《预测》1982年第1期。

陈玉祥、朱东华:《特尔斐法的应用研究》,《未来与发展》1990年第5期。

陈悦、谭建国、刘则渊:《历次工业革命视角下的颠覆性技术》,《颠覆性技术快报》2018年第2期。

陈进东、张永伟、梁桂林、周晓纪、孙胜凯:《中国工程科技2035关键技术选择与评估》,《中国软科学》2019年第8期。

陈劭锋、马建新:《居民消费结构演变的国际比较分析》,《科技促进发展》2017年第10期。

陈友华:《中国人口发展:现状、趋势与思考》,《人口与社会》2019年第4期。

陈家昌:《技术路线图在科技管理中的应用及其前景》,《中国科技论坛》2007年第8期。

陈乐一:《再论中国经济周期的阶段》,《财经问题研究》2007年第3期。

成栋:《"互联网+"引领下的智慧医疗发展探析》,《人民论坛·学术前沿》2017年第24期。

崔壮、胡良平:《调查研究设计概述》,《四川精神卫生》2017年第5期。

但智钢、史菲菲、王志增、王辉锋、张裴雷、郝吉明、段宁:《中国环境工程科技2035技术预见研究》,《中国工程科学》2017年第

1 期。

杜传忠、郭树龙:《中国产业结构升级的影响因素分析——兼论后金融危机时代中国产业结构升级的思路》,《广东社会科学》2011 年第 4 期。

都阳、蔡昉、屈小博等:《延续中国奇迹:从户籍制度改革中收获红利》,《经济研究》2014 年第 8 期。

董德基:《基层企业的情报调研的方法——特尔菲法(专家评估法)》,《情报知识》1982 年第 6 期。

樊春良:《技术预见和科技规划》,《科研管理》2003 年第 6 期。

方伟、曹学伟、高晓巍:《技术预测与技术预见:内涵、方法及实践》,《全球科技经济瞭望》2017 年第 3 期。

冯一原:《对标管理的思考视角》,《中小企业管理与科技》(下旬刊)2018 年第 1 期。

葛慧丽、潘杏梅、吕琼芳:《融合科学计量和知识可视化方法的技术预见模型研究》,《现代情报》2014 年第 6 期。

高春亮、魏后凯:《中国城镇化趋势预测研究》,《当代经济科学》2013 年第 4 期。

高祖贵:《亚洲整体性崛起及其效应》,《国际问题研究》2014 年第 4 期。

高祖贵:《新形势下国际战略三大趋势》,《前线》2014 年第 5 期。

高路易:《2020 年的中国——宏观经济情景分析》,《世界银行中国研究论文》2010 年第 9 期。

郭建科:《G7 国家和中国碳排放演变及中国峰值预测》,《中外能源》2015 年第 2 期。

郭克莎、王文龙:《我国高技术产业的科技需求分析》,《经济纵横》2004 年第 8 期。

管春、胡军:《基于人工神经网络改进的 Delphi 法》,《微计算机信息》2006 年第 30 期。

国家计委宏观经济研究院课题组:《我国"十五"——2015 年经济增长的趋势与政策》,《经济与管理研究》1999 年第 6 期。

国务院发展研究中心和世界银行联合课题组:《中国:推进高效、包容、可持续的城镇化》,《管理世界》2014 年第 4 期。

何智娟、贾一飞、孟丽玮、李勇、张娜:《引洮供水二期工程受水区水环境预测研究》,《人民黄河》2015 年第 5 期。

贺金龙、吴晟、周海河、李英娜、吴兴蛟、李天龙、马颢瑄:《基于 GM（1，1）- PCA 的环境预测与分析研究》,《信息技术》2018 年第 1 期。

贺丹、张许颖、庄亚儿、王志理、杨胜慧:《2006—2016 年中国生育状况报告——基于 2017 年全国生育状况抽样调查数据分析》,《人口研究》2018 年第 6 期。

贺丹:《加强战略研究迎接新时代人口发展挑战》,《人口研究》2018 年第 2 期。

贺丹:《我国人口长期变动的趋势和挑战》,《人口与计划生育》2018 年第 4 期。

胡鞍钢:《中国经济实力的定量评估与前瞻（1980—2020）》,《文史哲》2008 年第 1 期。

胡冬雪、胡志根:《基于市场德尔菲法的新能源汽车领域技术预见实证研究》,《世界科学》2009 年第 8 期。

"宏观调控研究"联合课题组:《经济形势分析与预测——从中观经济学视角》,《经济学动态》2011 年第 1 期。

黄隽、李冀恺:《中国消费升级的特征、度量与发展》,《中国流通经济》2018 年第 4 期。

黄群慧、贺俊:《"第三次工业革命"与中国经济发展战略调整——技术经济范式转变的视角》,《中国工业经济》2013 年第 1 期。

黄群慧:《"新常态"、工业化后期与工业增长新动力》,《中国工业经济》2014年第10期。

黄群慧、李晓华:《中国工业发展"十二五"评估及"十三五"战略》,《中国工业经济》2015年第9期。

黄季焜、杨军:《中国经济崛起与中国食物和能源安全及世界经济发展》,《管理世界》2006年第1期。

贾晓峰、陈娟、唐小利:《医药制造产业技术路线图框架构建研究》,《科技管理研究》2018年第11期。

晋举文:《"对标"管理与企业竞争力》,《煤炭经济管理新论》2002年第2期。

姜克隽、胡秀莲、庄幸、刘强:《中国2050年低碳情景和低碳发展之路》,《中外能源》2009年第6期。

井润田、高遐、柳银军:《国内问卷调查研究方法的综述:现状与建议》,《管理学家》(学术版)2008年第1期。

李建功、唐雄燕:《智慧医疗应用技术特点及发展趋势》,《医学信息学杂志》2013年第6期。

李建民、王丽霞:《试析中国实现第三步现代化战略目标的模式选择——兼论率先现代化与强迫现代化》,《江淮论坛》2002年第3期。

李牧南:《技术预见研究热点的演进分析:内容挖掘视角》,《科研管理》2018年第3期。

李丫丫、潘安、彭永涛:《新兴产业产生:识别、路径及驱动因素》,《技术经济》2016年第8期。

李彦峰、程志波:《金融危机背景下河北省光伏产业技术路线图制定研究》,《经济研究导刊》2010年第12期。

李善同:《"十二五"时期至2030年我国经济增长前景展望》,《经济研究参考》2010年第43期。

李国秋、龙怡:《预测市场应用于技术预见的优势分析——对13种常用技术预见方法的20个维度的实证研究》,《图书馆杂志》2014年第8期。

李效顺、卞正富、杨永均、汤傲、邱哲宁:《基于问卷调查的土地资源领域技术竞争力分析》,《中国土地科学》2014年第5期。

李仲簏:《运用多种手段搞好情报研究》,《兵工情报工作》1985年第5期。

李洪言、赵朔、刘飞、李雷、代晓东:《2040年世界能源供需展望——基于〈BP世界能源展望(2019年版)〉》,《天然气与石油》2019年第6期。

李时、蔡莉、李怀山:《传统产业对高新技术需求的影响因素分析——来自长春高新技术产业开发区的调研报告》,《科学学与科学技术管理》1994年第12期。

李睿:《庆阳南部地区煤矿地质环境预测评估》,《中国煤炭地质》2015年第6期。

李平、江飞涛、王宏伟等:《2030年中国社会经济情景预测——兼论未来中国工业经济发展前景》,《宏观经济研究》2011年第6期。

林毅夫:《未来20年经济有望保持8%的增长》,《一财网》2011年第11期。

刘仁兵、袁治平、郭雪松:《基于无偏灰色模型的水环境预测研究》,《科学与管理》2009年第2期。

刘朝、赵涛:《中国低碳经济影响因素分析与情景预测》,《资源科学》2011年第5期。

刘家强、刘昌宇、唐代盛:《论21世纪中国人口发展与人口研究》,《人口研究》2018年第1期。

刘迎秋:《论我国消费需求的不断上升及其规律(上)》,《南开经济研究》1991年第3期。

刘世锦:《增长速度下台阶与发展方式转变》,《中国财政》2012 年第 12 期。

刘世锦、刘培林、何建武:《我国未来生产率提升潜力与经济增长前景》,《管理世界》2015 年第 3 期。

刘树成、张晓晶、张平:《实现经济周期波动在适度高位的平滑化》,《经济前沿》2006 年第 1 期。

陆旸、蔡昉:《人口结构变化对潜在增长率的影响:中国和日本的比较》,《世界经济》2014 年第 1 期。

梁一鸣:《环境预测模型的应用评述》,《价值工程》2019 年第 23 期。

梁帅、纪晓彤、李杨:《科学计量学在技术预见中的应用研究——以新能源汽车产业为例》,《情报杂志》2015 年第 2 期。

栾恩杰、袁建华、满璇、张璋:《中国经济社会发展对工程科技 2035 的需求分析》,《中国工程科学》2017 年第 1 期。

马克·珀迪、邱静、陈笑冰:《埃森哲:人工智能助力中国经济增长》,《机器人产业》2017 年第 4 期。

孟海华、杨起全、王革:《产业技术路线图的制定研究初探》,《中国科技论坛》2008 年第 6 期。

穆荣平、任中保、袁思达等:《中国未来 20 年技术预见德尔菲调查方法研究》,《科研管理》2006 年第 1 期。

彭健:《构建"频谱高速公路"助力国家重大战略实施》,《上海信息化》2016 年第 8 期。

潘文卿、李子奈、张伟:《21 世纪前 20 年中国经济增长前景展望——基于供给导向模型与需求导向模型的对比分析》,《预测》2001 年第 3 期。

裴长洪:《经济新常态下中国扩大开放的绩效评价》,《经济研究》2015 年第 4 期。

彭水军、张文城、孙传旺:《中国生产侧和消费侧碳排放量测算及影响因素研究》，《经济研究》2015 年第 1 期。

邱晓华、郑京平、万东华、冯春平、巴威、严于龙:《中国经济增长动力及前景分析》，《经济研究》2006 年第 5 期。

渠慎宁、郭朝先:《基于 STIRPAT 模型的中国碳排放峰值预测研究》，《中国人口·资源与环境》2010 年第 12 期。

任海英、于立婷、王菲菲:《国内外技术预见研究的热点和趋势分析》，《情报杂志》2016 年第 2 期。

任海英、于立婷、王菲菲:《国内外技术预见研究现状分析——基于文献计量学视角》，《科技管理研究》2016 年第 14 期。

Rod Tyers & Jane Golley：《到 2030 年的中国经济增长：人口变化和投资溢价的作用》，《中国劳动经济学》2008 年第 1 期。

沙振江、张蓉:《基于专利技术地图的技术预见模型研究》，《图书情报研究》2015 年第 3 期。

沙振江、张蓉、刘桂锋:《国内技术预见方法研究述评》，《情报理论与实践》2015 年第 6 期。

单娟、董国位:《政府在破坏性创新及新兴产业崛起中的作用研究》，《上海大学学报》（社会科学版）2018 年第 3 期。

申珂、郭娜娜、邓健等:《中国近 40 年慢性病疾病谱变化情况》，《山西医药杂志》2017 年第 8 期。

沈晓平、刘利永、张京成:《中关村高端创意产业核心技术需求与策略》，《中国科技论坛》2012 年第 9 期。

沈利生:《我国潜在经济增长率变动趋势估计》，《数量经济技术经济研究》1999 年第 12 期。

孙晋雯、逄勇、罗缙、王晓:《北方典型山区河道不同污染条件下水环境预测研究——以秃尾河为例》，《水资源与水工程学报》2014 年第 5 期。

孙军:《需求因素、技术创新与产业结构演变》，《南开经济研究》

2008 年第 5 期。

孙胜凯、魏畅、宋超等:《日本第十次技术预见及其启示》,《中国工程科学》2017 年第 1 期。

孙永福等:《引发产业变革的颠覆性技术内涵与遴选研究》,《中国工程科学》2017 年第 5 期。

谭洪波、郑江淮、张月友等:《需求对战略性新兴产业的拉动作用研究综述——兼论需求和创新对产业结构演变的作用》,《华东经济管理》2012 年第 5 期。

汪潘义、吴凤平:《基于文献计量法的我国区域产业同构问题研究分析》,《科技进步与对策》2014 年第 13 期。

汪涛、胡志鹏:《中国经济未来十年——人口结构变化的挑战和应对》,《金融发展评论》2012 年第 7 期。

王武:《对标管理的理论和应用研究》,《全国流通经济》2018 年第 6 期。

王晖:《扩展线性支出系统在河南省城镇居民消费结构定量分析中的应用》,《焦作工学院学报》(社会科学版) 2004 年第 8 期。

王倩、李天柱:《大数据产业共性技术路线图研究》,《中国科技论坛》2018 年第 4 期。

王芳:《物价对城乡恩格尔系数的影响分析》,《商业研究》2006 年第 14 期。

王纬:《德尔菲调查法与技术路线图结合的技术预测研究——以太原市"十二五"技术发展预测为例》,《中国科技论坛》2011 年第 4 期。

王崑声、周晓纪、龚旭、胡良元、孙胜凯、宋超、侯超凡、陈进东:《中国工程科技 2035 技术预见研究》,《中国工程科学》2017 年第 1 期。

王瑞祥、穆荣平:《从技术预测到技术预见:理论与方法》,《世界科学》2003 年第 4 期。

王广州、王军:《中国人口发展的新形势与新变化研究》,《社会发展研究》2019 年第 1 期。

王广州:《新中国 70 年:人口年龄结构变化与老龄化发展趋势》,《中国人口科学》2019 年第 3 期。

王小鲁、樊纲、刘鹏:《中国经济增长方式转换和增长可持续性》,《经济研究》2009 年第 1 期。

王志理:《世界人口增速放缓　人类进入低增长时代——〈世界人口展望 2019〉研讨会在京召开》,《人口与健康》2019 年第 7 期。

韦曙光:《基于 ANN 技术的大型灌区节水改造后农田水环境预测研究》,《资源节约与环保》2014 年第 9 期。

魏阙、边钰雅:《世界主要发达国家技术预见发展分析》,《创新科技》2015 年第 12 期。

吴贵生、谢犇:《用户创新概念及其运行机制》,《科研管理》1996 年第 5 期。

吴有艳、李国秋:《日本第十次科学技术预见及其解析》,《竞争情报》2017 年第 1 期。

巫英:《上海建设城市创新体系的现状与对策研究——基于创新生态系统视角》,《科技管理研究》2017 年第 16 期。

夏林锋:《消费结构变迁的国际经验》,《世界经济情况》2010 年第 5 期。

萧河:《石油在未来 20 年仍是主要能源》,《中国石化》2019 年第 5 期。

谢俊祥、张琳:《精准医疗发展现状及趋势》,《中国医疗器械信息》2016 年第 11 期。

解三明:《我国经济中长期增长潜力和经济周期研究》,《管理世界》2000 年第 5 期。

熊俊莉:《台湾产业技术需求与创新效率危机》,《台湾研究》2009 年第 4 期。

许泽浩、张光宇:《新技术成长如何跨越"死亡之谷"——基于 SNM 视角的颠覆性技术保护空间构建》,《中国高校科技》2017 年第 6 期。

许宪春:《中国未来经济增长及其国际经济地位展望》,《经济研究》2002 年第 3 期。

许立达:《特尔斐法的稳定性与一致性》,《情报科学》1981 年第 4 期。

徐文炘、李蔄、张静:《某碳酸盐岩型赤泥库地下水环境预测研究》,《矿产与地质》2016 年第 6 期。

徐小花:《上海市郊典型小城镇水环境预测及污染控制研究——以上海市浦东新区万祥镇为例》,《四川环境》2013 年第 1 期。

徐磊:《技术预见方法的探索与实践思考——基于德尔菲法和技术路线图的对接》,《科学学与科学技术管理》2011 年第 11 期。

薛青:《智慧医疗:物联网在医疗卫生领域的应用》,《信息化建设》2010 年第 5 期。

薛燕、姗妮:《基于文献计量法的石油工业节能技术理论研究》,《西南石油大学学报》(社会科学版) 2011 年第 5 期。

易晖、陈德棉:《基于 Delphi 法的中国生物制药行业技术发展趋势预测分析》,《中国生物工程杂志》2005 年第 5 期。

尹德挺、石万里、张锋:《改革开放四十年中国人口素质的时代变迁》,《人口与计划生育》2018 年第 11 期。

尹世杰:《试论需求上升规律》,《消费经济》1988 年第 3 期。

晏月平、王楠:《中国人口转变的进程、趋势与问题》,《东岳论丛》2019 年第 1 期。

闫芳芳、平瑛:《消费需求结构与产业结构关系的实证研究——以中国渔业为例》,《中国农学通报》2013 年第 17 期。

姚景源:《"十二五"至 2030 年我国经济增长前景展望(一)》,《经济》2011 年第 Z1 期。

姚景源:《"十二五"至 2030 年我国经济增长前景展望(二)》,《经济》2011 年第 3 期。

杨杰、叶小榕、宋马林:《消费结构变动与产业结构演变的关系研究——基于 1990—2007 年我国经济数据的实证分析》,《理论建设》2009 年第 4 期。

杨幽红、冯爱明:《我国技术预见研究现状分析》,《科技管理研究》2010 年第 20 期。

杨永明:《2019 全球主要能源展望报告对比与启示》,《新能源经贸观察》2019 年第 Z1 期。

俞剑、方福前:《中国城乡居民消费结构升级对经济增长的影响》,《中国人民大学学报》2015 年第 5 期。

袁富华:《低碳经济约束下的中国潜在经济增长》,《经济研究》2010 年第 8 期。

袁志彬、穆荣平、陈峰:《中国未来 20 年资源与环境技术预见研究》,《中国人口·资源与环境》2008 年第 6 期。

赵杰、蔡艳岭、孙东旭等:《远程医疗的发展现状与未来趋势》,《中国卫生事业管理》2014 年第 10 期。

赵玉峰、杨宜勇:《我国中长期人口发展趋势及潜在风险》,《宏观经济管理》2019 年第 8 期。

张峰、邝岩:《日本第十次国家技术预见的实施和启示》,《情报杂志》2016 年第 12 期。

张米尔、田丹:《基于利基策略的企业核心技术能力形成研究》,《科学学研究》2005 年第 3 期。

张亚:《对标管理的理论研究与实践探索》,《管理观察》2018 年第

27期。

张嶷、汪雪峰、郭颖等:《基于文献计量学的技术路线图构建模型研究》,《科学学研究》2012年第4期。

张晓:《中国环境政策的总体评价》,《中国社会科学》1999年第3期。

张博、郭丹凝、彭苏萍:《中国工程科技能源领域2035发展趋势与战略对策研究》,《中国工程科学》2017年第1期。

张自然、张平、刘霞辉:《中国城市化模式、演进机制和可持续发展研究》,《经济学动态》2014年第2期。

张延群、娄峰:《中国经济中长期增长潜力分析与预测:2008—2020年》,《数量经济技术经济研究》2009年第12期。

张许颖:《破解人口数据难题构建人口发展战略研究基础数据新平台》,《人口研究》2018年第2期。

张乔木:《基于德尔菲调查和聚类分析的关键共性技术预见研究——以山西省新材料行业为例》,《科技管理研究》2017年第13期。

张志华、章锦河、刘泽华、郑艺、杨嫚:《旅游研究中的问卷调查法应用规范》,《地理科学进展》2016年第3期。

张冬梅、曾忠禄:《德尔菲法技术预见的缺陷及导因分析:行为经济学分析视角》,《情报理论与实践》2009年第8期。

郑晶晶:《问卷调查法研究综述》,《理论观察》2014年第10期。

中国工程科技2035发展战略研究总体项目组:《支撑强国目标的中国工程科技发展战略路径谋划》,《中国工程科学》2017年第1期。

中国未来20年技术预见研究组:《第三步战略目标:愿景与需求——中国未来20年技术预见之一》,《高科技与产业化》2006年第5期。

中国经济增长前沿课题组等:《中国经济增长的低效率冲击与减速治理》,《经济研究》2014年第12期。

"中国 2007 年投入产出表分析应用"课题组:《"十二五"至 2030 年我国经济增长前景展望》,《统计研究》2011 年第 1 期。

周源、刘怀兰、廖岭、薛澜:《基于主题模型的技术预见定量方法综述》,《科技管理研究》2017 年第 11 期。

周智勇、肖玮、陈建宏、李欢:《基于 PCA 和 GM(1,1)的矿山生态环境预测模型》,《黄金科学技术》2018 年第 3 期。

朱宇、林李月、柯文前:《国内人口迁移流动的演变趋势:国际经验及其对中国的启示》,《人口研究》2016 年第 5 期。

朱承亮:《颠覆性技术创新与产业发展的互动机理——基于供给侧和需求侧的双重视角》,《内蒙古社会科学》2020 年第 1 期。

中国化工信息:《2040 年天然气将成为全球第二大能源》,《石油化工应用》2019 年第 5 期。

韩品尚:《基于技术预见的山东省新能源产业发展研究》,硕士学位论文,山东财经大学,2014 年。

李晓云:《山西省居民消费与产业结构存在的问题及对策研究》,硕士学位论文,山西财经大学,2010 年。

刘玲:《广西产业发展的科技需求研究》,硕士学位论文,广西大学,2013 年。

佟煊:《基于数据挖掘的江西有色金属产业技术预见方法的研究》,硕士学位论文,江西理工大学,2012 年。

万聪:《网络问卷调查系统分析与设计》,硕士学位论文,北京交通大学,2014 年。

王金鹏:《基于科学计量的技术预见方法优化研究》,硕士学位论文,华中师范大学,2011 年。

吴曙霞:《提升北京生物医药产业国际竞争力的技术预见研究》,博士学位论文,中国人民解放军军事医学科学院,2007 年。

杨雪:《基于新型工业化的科技需求与科技能力研究》,博士学位论文,吉林大学,2005 年。

胡鞍钢:《中国人口长期发展(1950—2050 年)》,《国情报告第十八卷》,清华大学国情研究中心,2015 年。

杨壮:《基于 GM—RBF 神经网络的污水环境预测》,中国自动化学会过程控制专业委员会《第 28 届中国过程控制会议(CPCC 2017)暨纪念中国过程控制会议 30 周年摘要集》,2017 年。

左晓利、许晔:《日本第九次技术预测及启示》,全国技术预见学术研讨会论文,郑州,2012 年 9 月。

爱立信:《移动市场报告(2013)》,https：//wenku. baidu. com/view/0d65dc71a66e58fafab069dc5022aaea988f415d. html。

波士顿咨询:《迈向 2035:4 亿数字经济就业的未来》,https：//max. book118. com/html/2020/0420/7102112040002131. shtm。

德勤:《全球人工智能发展白皮书》,https：//www2. deloitte. com/cn/zh/pages/technology – media – and – telecommunications/articles/global – ai – development – white – paper. html。

国务院:《新一代人工智能发展规划》,http：//www. gov. cn/zhengce/content/2017 – 07/20/content_ 5211996. htm。

工业和信息化部:《云计算发展三年行动计划(2017—2019 年)》,https：//www. miit. gov. cn/jgsj/xxjsfzs/zlgh/art/2020/art_ fb1e14b54f234fc7b4f52c062b9d3d08. html。

工业和信息化部、国家发展和改革委员会:《扩大和升级信息消费三年行动计划(2018—2020 年)》,http：//www. gov. cn/gongbao/content/2019/content_ 5355478. htm。

麦肯锡:《新需求、新市场:边缘计算对硬件公司的意义》,https：//zhuanlan. zhihu. com/p/95055403。

中国信息化百人会:《2017 中国数字经济发展报告》,https：//max. book118. com/html/2018/1202/7040052121001162. shtm。

中国石油集团经济技术研究院:《2050年世界与中国能源展望》(2019年版),https://www.sohu.com/a/358633090_680938。

中国网络空间研究院:《中国互联网发展报告2019》,https://www.sohu.com/a/348342392_782527。

中华人民共和国国家发展和改革委员会、国家能源局:《能源技术革命创新行动计划(2016—2030年)》,http://www.gov.cn/xinwen/2016-06/01/5078628/files/d30fbe1ca23e45f3a8de7e6c563c9ec6.pdf。

中国消费者协会:《2014年度消费者个人信息网络安全报告》,http://m.news.cntv.cn/2015/03/13/ARTI1426222419386790.shtml。

360企业安全集团:《2019年网络诈骗趋势研究报告》,http://zt.360.cn/1101061855.php?dtid=1101062366&did=610412125。

Acemoglu, Daron, Aghion, Philippe, Bursztyn, Leonardo, Hemous, David, "The Environment and Directed Technical Change", *American Economic Review*, Vol. 102, 2012.

Acemoglu, Daron, Akcigit, Ufuk, Hanley, Douglas, Kerr, William, "Transition to Clean Technology", *Journal of Political Economics*, Vol. 124, 2016.

AnnMarkusen, "A Consumption Base Theory of Development: An Application to the Rural Cultural Economy", *Agricultural and Resource Economics Review*, 2007.

AntoineArnoud, Fatih Guvenen, Tatjana Kleineberg, "Benchmarking Global Optimizers", https://www.nber.org/papers/w26340.

Asian Development Bank, *Asian Development Outlook 2012 Update: Services and Asia's Future Growth*, 2012.

ATA, "Telehealth Victory in Arkansas—ATA Applauds Telehealth Champions For Passing Legislation Extending Access to Quality Care For Residents", ATA NEWS, April 23, 2021, https: //www. american-telemed. org/press – releases/hb1063/.

Atovaquone-proguanil: "Report from the CDC Expert Meeting on Malaria Chemoprophylaxis (Ⅱ)", *The American Journal of Tropical Medicine and Hygiene*, Vol. 76, 2007.

Balaguer, J. Email Author, Cantavella, M. , "The Role of Education in the Environmental Kuznets Curve, Evidence from Australian Data", *Energy Economics*, Vol. 70, 2018.

Bank, T. W. , "China 2030: Building a Modern, Harmonious and Creative High – Income Society", *Chinas Foreign Trade*, Vol. 91, 2012.

Barra, C. , Zotti, R, "Investigating the Non – linearity Between National Income and Environmental Pollution: International Evidence of Kuznets Curve", *Environmental Economics and Policy Studies*, Vol. 20, 2018.

Boggild, Andrea K. , Parise, Monica E. , Lewis, Linda S. , Kain, Kevin C. . "Atovaquone – Proguanil: Report from the Cdc Expert Meeting on Malaria Chemoprophylaxis", No. 2, 2007.

Brunner J. K. , Zweimüller, Josef, "Innovation and Growth with Rich and Poor Consumers", *CEPR Discussion Papers*, Vol. 56, No. 2, 1998.

Calori R, "Effective Strategies in Emerging Industries", *Long Range Planning*, Vol. 18, No. 3, 1985.

Camp, Robert C. , *Benchmarking: the Search for Industry Best Practices that Lead to Superior Performance*, Milwaukee, WI: ASQ Quality Press, 1989.

Chai A. , Moneta A. , "Back to Engel? Some Evidence for the Hierarchy of Needs", *Journal of Evolutionary Economics*, Vol. 22, No. 4, 2012.

Christensen C. M. , *The Innovators Dilemma: When New Technologies Cause*

Great Firms to Fail, Boston: Harvard Business School Press, 1997.

Clark C. G., *The Conditions of Economic Progress*, Oxford: Oxford University Press, 1946.

Coffs Harbour, *NSW*, Australia: ASCILITE, 2000.

Congressional Budget Office, *The Budget and Economic Outlook: Fiscal Years 2009 to 2019*, 2009.

Coopers, Price Waterhouse, *The World in 2050—Beyond the BRICs: a Broader Look at Emerging Market Growth Prospects*, Pricewaterhouse Coopers LLP Economics Group, 2008.

Copeland B. R., Taylor M. S., "Trade, Growth and the Environment", *Journal of Economic Literature*, Vol. 42, 2004.

Czuchry A. J., Yasin M. M., Dorsch J. J., "Review of Benchmarking Literature: a Proposed Model for Implementation", *International Journal of Materials and Product Technology*, Vol. 10, No. 1, 1995.

Dasgupt A., S., B. Laplant E., H. Wang and D. Wheeler, "Confronting the Environmental Kuznets Curve", *Journal of Economic Perspectives*, Vol. 16, 2002.

Deaton, A. and J. Muellbauer, "An Almost Ideal Demand System", *The American Economic Review*, Vol. 70, No. 3, 1980.

Department of Economic and Social Affairs, "World Economic Situation and Prospects 2015", https://www.un.org/zh/node/89737.

Dosi G., "Sources, Procedures and Microeconomic Effects of Innovation", *Journal of Economic Literature*, Vol. 26, No. 3, 1988.

EHTEL, "Reflection on a Decade of Health: the Second Stage in Healthcare Transformation", http://www.ehtel.org/.

Eriksson C., "Phasing out a Polluting Input in a Growth Model with Directed Technological Change", *Economic Modelling*, Vol. 68, 2018.

Ettorchi – Tardy A., Levif M., Michel P., "Benchmarking: a Method for Continuous Quality Improvement in Health", *Healthc Policy*, Vol. 7, No. 4, 2012.

Feenstra, Robert C., Robert Inklaar and Marcel P. Timmer, "The Next Generation of the Penn World Table", *American Economic Review*, Vol. 05, No. 10, 2015.

Fogel, Robert W., *Capitalism and Democracy in 2040: Forecasts and Speculations*, NBER Working Paper, 2007.

Fouré, J., Bénassy – Quéré, A., Fontagné, L., *The World Economy in 2050: A Tentative Picture*, CEPII Working Paper, 2010.

Frutos – Bencze, D., Bukkavesa, K., Kulvanich, N., "Impact of FDI and Trade on Environmental Quality in the CAFTA – DR Region", 2017.

Fujii, H., Iwata, K., Chapman, A., Kagawa, S., Managi, S., "An Analysis of Urban Environmental Kuznets Curve of CO_2 Emissions: Empirical Analysis of 276 Global Metropolitan Areas", *Applied Energy*, Vol. 228, 2018.

Furman J. L., Porter M. E., Stern S., "Determinants of National Innovative Capacity", *Research Policy*, Vol. 31, No. 6, 2000.

Georghiou L., "The UK Technology Foresight Programme", *Futures*, Vol. 28, No. 4, 1996.

Georgiev E. and E Mihaylov., "Economic Growth and the Environment: Reassessing the Environmental Kuznets Curve for Air Pollution Emissions in OECD Countries", *Letters in Spatial & Resource Sciences*, Vol. 8, No. 1, 2015.

Government Office for Science (GOS), "*Technology and Innovation Futures 2017*, UK, 2017.

Grossman, G. and Krueger, A. , "Economic Growth and the Environment", *The Quarterly Journal of Economics*, Vol. 110, No. 2, 1995.

Grossman, G. and Krueger, A. , "The Inverted – U: What Does it Mean", *Environment and Development Economics*, Vol. 1, 1996.

Grossman, G. M. and A. B. Krueger, *Environmental Impacts of a North American Free Trade Agreement*, NBER Working Paper, 1991.

Grupp H. , Linstone H. A. , "National Technology Foresight Activities Around the Globe: Resurrection and New Paradigms", *Technological Forecasting and Social Change*, Vol. 60, No. 1, 1999.

Hanover Research Council Apr, "Examples of Benchmarking Reports in Higher Education", http://www.planning.salford.ac.uk/__data/assets/pdf_file/0020/20657/Examples–of–Benchmarking–Reports–in–Higher–Education–Membership.pdf.

Hansen, Hermann–Josef, "The Impact of Interest Rates on Private Consumption in Germany (1996)", Bundesbank Series 1 Discussion Paper No. 1996, 03E, Available at SSRN: https://ssrn.com/abstract=2785779.

Hawksworth, J. , Cookson, G. , *The World in 2050: Beyond the BRICs – A Broader Look at Emerging Market Growth Prospects*, Pricewaterhouse Coopers Report, 2008.

HSBC, *The World in 2050*, HSBC Global Research, 2012.

IMF, *World Economic Outlook: Coping with High Debt and Sluggish Growth*, 2012.

Intergovernmental Panel on Climate Change (IPCC), "IPCC Fifth Assessment Report", https://ar5–syr.ipcc.ch.

International Energy Agency (IEA), "Word Energy Outlook 2014", https://www.iea.org/reports/world–energy–outlook–2015.

International Energy Agency (IEA) , "Word Energy Outlook 2014", https：//www. iea. org/reports/world – energy – outlook – 2014.

Jackie L. M. Tam, Susan H. C. Tai, "Research Note, The Psychographic Segmentation of the Female Market in Greater China", *International Marketing Review*, No. 15, 1998.

Jafari, Y., Farhadi, M., Zimmermann, A., Yahoo, M., "Economic Liberalization and the Environmental Kuznets Curve: Some Empirical Evidence", *Journal of Economic Development*, No. 42, 2017.

Judd K. L., "On the Performance of Patents", *Econometrica*, Vol. 53, No. 3, 1985.

JunkoDoni, "Consumption Structure and the Pauem of Economic Growth", *Seoul Journal of Economics*, No. 16, 2003.

Kang Yan – Qing, Tao Zhao, Ya – Yun Yang, "Environmental Kuznets Curve for CO_2 Emissions in China: A Spatial Panel Data Approach", *Ecological Indicators*, Vol. 63, 2016.

Katirciolu, S., "Testing the Role of Urban Development in the Conventional Environmental Kuznets Curve: Evidence from Turkey", *Applied Economics Letters*, Vol. 25, 2018.

Keith R. Phillips and Alexander T., "Abraham. Dallas Fed's Texas Jobs Estimates Provide Early", Accurate Assessment, https://www. dallasfed. org/research/economics/2019/0516.

Kenny P. G., Parsons T. D., Gratch J., et al., "Evaluation of Novice and Expert Interpersonal Interaction Skills with a Virtual Patient", *International Conference on Intelligent Virtual Agents*, 2009.

Keppell M., "Principles at the Heart of an Instructional Designer: Subject Matter Expert Interaction", Ascilite. org. au, January, 2009.

Keynes J. M., *The General Theory of Employment, Interest and Money*, Cambridge: Cambridge University Press, 1936.

Khanna, N. and Plassmann, F., "The Demand for Environmental Quality and the Environmental Kuznets Curve Hypothesis", *Ecological Economics*, Vol. 51, 2004.

Kuijs, Louis, *China through 2020 — A Macroeconomic Scenario*, World Bank China Office Research Working Paper, No. 9, 2009.

Lapinskien, G., Peleckis, K., Nedelko, Z., "Testing Environmental Kuznets Curve Hypothesis: the Role of Enterprise's Sustainability and Other Factors on GHG in European Countries", *Journal of Business Economics and Management*, Vol. 18, No. 1, 2017.

Levy Gary and Valcik Nicolas, *Benchmarking in Institutional Research*, Jossey-Bass, 2012.

Lægreid, O. M. and Povitkina, M., "Do Political Institutions Moderate the GDP – CO_2 Relationship?", *Ecological Economics*, Vol. 145, 2018.

Lin R. J., Tan K. H., Geng Y., "Market Demand, Green Product Innovation and Firm Performance: Evidence from Vietnam Motorcycle Industry", *Journal of Cleaner Production*, Vol. 40, 2013.

Lutz W., Skirbekk V. and Testa M. R, "The Low – fertility Trap Hypothesis: Forces that May Lead to Further Postponement and Fewer Births in EuropeVienna", *Yearbook of Population Research*, 2006.

Lutz W. and Skirbekk V., "Policies Addressing the Tempo Effect in Low – Fertility Countries", *Population and Development Review*, Vol. 31, 2005.

Marshall A., "Principles of Economics", *Ethics*, Vol. 1, No. 4, 1891.

Martin, B. R., "Foresight in Science and Technology", *Technology Analysis & Strategic Management*, Vol. 7, No. 2, 1995.

MasaakiHirooka, *Innovation Dynamism and Economic Growth: A Nonlinear Perspective*, Edward Elgar Publishing, 2006.

McConnell, K. E., "Income and the Demand for Environmental Quality", *Environment and Development Economics*, Vol. 2, 1997.

McKnight L. W., *Bailey J. P.*, *Internet Economics*, Cambridge, MA: MIT, 1998.

Miller, D. T. and J. S. Nye., Defense 2045: *Assessing the Future Security Environment and Implications for Defense Policymakers*, Washington, DC: Center for Strategic & International Studies (CSIS), 2015.

MohamedZairi & Majed Al – Mashari, "The Role of Benchmarking in Best Practice Management and Knowledge Sharing", J*ournal of Computer Information* Systems, Vol. 45, 2005.

Moriarty J. P. A. theory Levy, Gary &Valcik, Nicolas, "Benchmarking in Institutional Research of benchmarking", *Benchmarking: An International Journal*, Vol. 18, No. 4, 2011.

Nagano H., "Comprehensive Analysis of Science and Technology Benchmarking and Foresight", *Nistep Report*, 2005.

National Intelligence Council, *Global Trends 2025: A Transformed World*, 2008.

Neve M. and BH Amaide, "Environmental Kuznets Curve with Adjusted Net Savings as a Trade-Off Between Environment and Development", *Australian Economic Papers*, Vol. 56, No. 1, 2017.

OECD, *OECD Economic Outlook*, 2012.

Organization for Economic Co-operation and Development (OECD), "Looking to 2060: Long – Term Global Growth Prospects", https://www.oecd – ilibrary.org/economics/looking – to – 2060 – long – term – global – growth – prospects_ 5k8zxpjsggf0 – en.

Organization for Economic Co-operation and Development (OECD), "OECD Environmental Outlook to 2050", https://www.oecd – ilibrary. org/environment/oecd – environmental – outlook – to – 2050 _ 9789264122246 – en.

Panayotou, T. , "Demystifying the Environmental Kuznet s Curve: Turning a Black Box into a Policy Tool", *Environment and Development Economics*, No. 2, 1997.

Paul A. Samuelson, Willian D. Norelhaus, *Economics*, The MeGraw Hill Companies, 1998.

Paul Wakeling, "International Benchmarking Review of Economics", https: //esrc. ukri. org/files/research/research – and – impact – evaluation/uk – economics – statistical – overview/.

Perkins, Dwight H. and Rawski, Thomas G. , "Forecasting China's Economic Growth to 2025", *China Business Review*, Vol. 35, No. 6, 2008.

Rachel Ngai & Christopher, "A Pissarides Structural Change in a Multisector Model of Growth, American Economic Review", *American Economic Association*, No. 1, 2007.

Reuters T. , "The World in 2025: 10 Predictions of Innovation", http: //sciencewatch. com/sites/sw/fles/m/pdf/World – 2025. pdf.

Robert E. Lucas, "On the Mechanics of Economic Development", *Journal of Monetary Economics*, Vol. 22, 1988.

Robinson D. K. R. , Huang L. , Guo Y. , et al. , "Forecasting Innovation Pathways (FIP) for New and Emerging Science and Technologies", *Technological Forecasting and Social Change*, Vol. 80, No. 2, 2013.

Roca, J. , "Do Individual Preferences Explain the Environmental Kuznets Curve?", *Ecological Economics*, Vol. 45, 2003.

Rosenberg. N. , "Science Innovation and Economic Growth", *Economic*

Journal. No. 3, 1974.

Sachs, Goldman, *The Long – Term Outlook for the BRICs and N – 11 Post Crisis*, Global Economics Paper, No. 192, 2009.

Sapkota, P., Bastola, U., "Foreign Direct Investment, Income and Environmental Pollution in Developing Countries: Panel Data Analysis of Latin America", *Energy Economics*, Vol. 64, 2017.

Schmookler J., *Invention and Economic Growth*, Cambridge: Harvard University Press, 1966.

Science and Technology Foresight Center National Institute of Science and Technology Policy, *The New Challenge of Delphi Survey at NISTEP*, 2015.

Selvanathan E. A., Selvanathan S., *International Consumption Comparisons: OECD versus LDC*, World Scientific, Singapore, 2003.

Shanks GD, MD Edstein, Suriyamongkol V., et al., "Malaria Chemoprophylaxis using Proguanil/Dapsone Combinations on the Thai – Cambodian Border", *American Journal of Tropical Medicine & Hygiene*, Vol. 46, No. 6, 1992.

Silberglitt R., Anton P. S., Howell D. R., et al, *The Global Technology Revolution 2020, in – Depth Analyses: Bio/Nano/Materials/Information Trends, Drivers, Barriers and Social Implications*, Santa Monica, CA: Rand, 2006.

Sims R., O'Reilley M. Sawkins S., et al., "Learning to Choose—Choosing to Learn", Proceedings of the 17th Annual Conference of the Australasion Society for Computers in Learning in Tertiary Education, 2000.

Sokolov A., Chulok A., Mesropyan V., "Long – Term Science and Technology Policy – Russian Priorities for 2030", *Social Science Elec-*

tronic Publishing, 2013.

Spendolini, M. J. , "The Benchmarking Process, Compensation & Benefits Review", https://doi.org/10.1177/088636879202400505.

Stokey. , "Are There Limits to Growth?", *International Economic Review*, Vol. 39, No. 1, 1998.

Theil, "Economics and Information Theory", *Journal of the Operational Research Society*, Vol. 18, No. 3, 1967.

United Nations, Department of Economic and Social Affairs, Population Division, *World Population Prospects: The 2010 Revision*, New York, 2011.

United Nations Department of Economic and Social Affairs, "Launch of World Population Prospects: 2015 Revision", https://www.un.org/en/development/desa/newsletter/desanews/calendar/2015/07/15235.html.

United Nations Department of Economic and Social Affairs, "World Urbanization Prospects", https://population.un.org/wup/Publications/Files/WUP2014 - Report.pdf.

United Nations EnvironmentProgramme, "Global Environment Outlook 5 - Environment for the Future We Want", https://www.researchgate.net/publication/273698342_Global_Environment_Outlook_5_-_Environment_for_the_Future_We_Want.

UNPAN, "Benchmarking E - government: A Global Perspective", http://unpan1.un.org/intradoc/groups/public/documents/un/unpan021547.pdf.

U. S. Energy InformationAdministration, "International Energy Outlook 2014", https://www.eia.gov/outlooks/archive/ieo14/.

Venables A. Smith, "Trade and Industrial Policy under Imperfect Consumption: Discussion, Industrial Policy and Competitive Advantage",

The Mandate forindustrial Policy, 1998.

Von Hippel, "Lead Users: A Source of Novel Product Concepts", *Management Science*, Vol. 32, No. 7, 1986.

Whang Y., Hobday M., "Local 'test bed' Market Demand in the Transition to Leadership: The Case of the Korean Mobile Handset Industry", *World Development*, No. 8, 2011.

WHO, "Global Diffusion of e – Health: Making Universal Health Coverage Achievable", Global Observatory for e – Health Series, http://www.who.int.

Wilson, D., Purushothaman, R., *Dreaming with BRICs: The Path to 2050*, Goldman Sachs Global Economics Paper No. 99, 2003.

World Bank, *Global Economic Prospects: Managing Growth in a Volatile World*, 2012.

World Trade Organization, *International Trade Statistics 2012*, 2012.

World Travel and Tourism Council, *The Benchmarking Study from WTTC Compares Travel & Tourism's Economic Impact for* 2018 *to Eight Other Key Sectors across* 26 *Countries and* 10 *World Reigions*.

Zhang, Ping and Wang, Hongmiao, "China's Economic Outlook into 2030: Transformation, Simulation and Policy Suggestions", *China Economist*, Vol. 6, No. 4, 2011.

Zhuang, J., Vandenberg, P., Huang, Y., *Growing Beyond the Low – Cost Advantage: How the People's Republic of China Can Avoid the Middle – Income Trap*, Publication of Asian Development Bank, 2012.

附录一

医疗卫生产业工程科技需求预见调查问卷

本课题是在描绘未来经济社会发展愿景的基础上，提炼未来经济高质量发展和人民生活的重点需要，进而预测2040年中国经济社会发展对工程科技的需求。

课题组描绘的未来经济社会发展愿景认为，在人口方面，我国人口健康水平和素质能力等稳步提升，预计到2040年我国人均预期寿命将达到80岁以上，人口平均受教育年限接近世界发达国家平均水平；人口老龄化程度进一步加深，2040年我国65岁以上人口占比将超过20%。**在社会发展方面**，到2040年我国城镇化率将达到75%，整体进入高级城市型社会；城乡居民生活水平大幅提高，中等收入群体规模进一步扩大，到2040年我国中等收入群体比重预计达到55%。**在信息发展方面**，新一代信息技术不断发展将推动建立跨部门、跨地区业务协同、共建共享的公共服务信息体系。

基于上述发展愿景描述，课题组提出了我国居民对未来20年医疗卫生产业发展的几个重点需求。一是居民慢性病管理需求增加，重视以疾病预防和监测为主的诊疗模式，居民健康生活和健康管理意识增强；二是居民对治愈重大疾病和罕见病的期待不断提高，对基于基因组测序技术、生物信息和大数据科学交叉应用的精准医疗等前沿医疗技术的需求增加；三是居民生活水平提高，对医疗服务的需求多层次多样化，包括更具针对性的治疗方案、方便快捷的就医流程、突破距离和环境限制的远程会诊和远程诊断等高品质就医服务的需求增加。

希望各位医疗卫生领域专家基于对 2040 年中国人口、社会、信息等领域的发展愿景描述，提出未来 20 年居民对医疗卫生产业发展的重点需求，并在此基础上预测未来经济社会发展对医疗卫生产业工程科技的需求。

A1. 您对医疗卫生产业工程科技的熟悉程度如何？
1. 非常熟悉　2. 比较熟悉　3. 一般　4. 不太熟悉　5. 不熟悉

A2. 基于上述 2040 年中国经济社会发展的愿景描述，您认为，到 2040 年我国居民对医疗卫生服务的需求将产生什么变化？

_____；
_____；
_____。

B1. 面对上述居民医疗卫生服务的需求变化，您认为到 2040 年我国医疗卫生产业最有可能的发展方向有哪些？（可多选）

1. 以疾病预防和监测为主的诊疗模式【如选此项→填答 C 部分题】

2. 建立在基因组学基础上的精准医疗【如选此项→填答 D 部分题】

3. 突破距离和环境限制的远程医疗【如选此项→填答 E 部分题】

4. 其他【请注明→按顺序填答 F、G、H 部分题】
　　（1）_____；
　　（2）_____；
　　（3）_____。

C1. 随着居民慢性病管理需求增加，健康生活和健康管理意识增强，未来诊疗模式将侧重疾病预防、突出对公众的慢性病科普教育和健康管理，引导民众向健康生活方式过渡。您认为以疾病预防和监测为主的诊疗模式中，最重要的三项工程科技是：（最多选3项）

编号	工程科技名称	勾选
1	新药发现研究与制药工程关键技术	
2	智能药物递送体系与新型药物制剂技术	
3	基于组学大数据的疾病预警及风险评估技术	
4	基于生物医学大数据的个性化健康管理技术	
5	基于分子检测和分子影像的精准诊断及疗效评价技术	
6	体液免疫及修饰性免疫细胞治疗新技术	
7	细胞与组织修复及器官再生的新技术与应用	
8	基于合成生物学的人工生物系统建立技术	
9	慢性病防控工程与治疗关键技术（包括肿瘤、心脑血管疾病、糖尿病、慢性阻塞性肺病及肾脏疾病等）	
10	预防及干预药物与疫苗研发关键技术	
11	应对突发疫情、生物恐怖等生物安全关键技术	
12	食品安全防控识别体系及安全控制技术	
13	环境污染与人类健康关系综合评价技术及相关疾病防治技术	
14	不孕不育治疗体系优化	
15	人工智能与大脑模拟关键技术	
16	新型生物材料与纳米生物技术	
17	生物3D打印技术及生物4D打印技术的研发与应用	
18	基于声、光、电、磁的新型诊断治疗技术	
19	中药资源保护、先进制药和疗效评价技术	
20	面向社区的健康大数据及智能健康管理系统	

C2. 您认为还有哪些工程科技是实现形成疾病预防和监测为主诊疗模式的关键？

（1）_____；

（2）_____；

（3）_____.

C3. 对于上述您选择和补充的工程科技，您认为目前我国的研发水平如何？

工程科技名称 （填写C1题选项编号或工程科技名称）	国际先进	国际一般	落后 5—10年	落后10 年以上	不清楚
	1	2	3	4	5
	1	2	3	4	5
	1	2	3	4	5
	1	2	3	4	5
	1	2	3	4	5
	1	2	3	4	5

C4. 对于上述您选择和补充的工程科技，您认为目前国际上的领先国家是：

工程科技名称 （填写C1题选项编号 或工程科技名称）	美国	英国	德国	法国	日本	中国	其他 （请注明）	不清楚
	1	2	3	4	5	6	7	8
	1	2	3	4	5	6	7	8
	1	2	3	4	5	6	7	8
	1	2	3	4	5	6	7	8
	1	2	3	4	5	6	7	8
	1	2	3	4	5	6	7	8

C5. 对于上述您选择和补充的工程科技，您认为2040年的产业化前景如何？

工程科技名称 （填写C1题选项编号或工程科技名称）	非常好	比较好	一般	不好	不清楚
	1	2	3	4	5
	1	2	3	4	5

续表

工程科技名称 (填写 C1 题选项编号或工程科技名称)	非常好	比较好	一般	不好	不清楚
	1	2	3	4	5
	1	2	3	4	5
	1	2	3	4	5
	1	2	3	4	5

D1. 居民对治愈重大疾病和罕见病的期待不断提高，以精准医疗和再生医学等为代表的前沿医疗技术成为未来医疗卫生产业发展的重要方向。您认为，在精准医疗方面，最重要的三项工程科技是：（最多选 3 项）

编号	工程科技名称	勾选
1	新药发现研究与制药工程关键技术	
2	智能药物递送体系与新型药物制剂技术	
3	基于组学大数据的疾病预警及风险评估技术	
4	基于生物医学大数据的个性化健康管理技术	
5	基于分子检测和分子影像的精准诊断及疗效评价技术	
6	体液免疫及修饰性免疫细胞治疗新技术	
7	细胞与组织修复及器官再生的新技术与应用	
8	基于合成生物学的人工生物系统建立技术	
9	慢性病防控工程与治疗关键技术（包括肿瘤、心脑血管疾病、糖尿病、慢性阻塞性肺病及肾脏疾病等）	
10	预防及干预药物与疫苗研发关键技术	
11	应对突发疫情、生物恐怖等生物安全关键技术	
12	食品安全防控识别体系及安全控制技术	
13	环境污染与人类健康关系综合评价技术及相关疾病防治技术	
14	不孕不育治疗体系优化	
15	人工智能与大脑模拟关键技术	
16	新型生物材料与纳米生物技术	
17	生物 3D 打印技术及生物 4D 打印技术的研发与应用	

续表

编号	工程科技名称	勾选
18	基于声、光、电、磁的新型诊断治疗技术	
19	中药资源保护、先进制药和疗效评价技术	
20	面向社区的健康大数据及智能健康管理系统	

D2. 您认为还有哪些工程科技是实现精准医疗的关键？

（1）＿＿＿＿＿＿＿＿＿＿＿＿＿＿＿＿＿＿＿＿＿＿＿＿＿＿＿＿；

（2）＿＿＿＿＿＿＿＿＿＿＿＿＿＿＿＿＿＿＿＿＿＿＿＿＿＿＿＿；

（3）＿＿＿＿＿＿＿＿＿＿＿＿＿＿＿＿＿＿＿＿＿＿＿＿＿＿＿＿。

D3. 对于上述您选择和补充的工程科技，您认为目前我国的研发水平如何？

工程科技名称 （填写D1题选项编号或工程科技名称）	国际先进	国际一般	落后5—10年	落后10年以上	不清楚
	1	2	3	4	5
	1	2	3	4	5
	1	2	3	4	5
	1	2	3	4	5
	1	2	3	4	5
	1	2	3	4	5

D4. 对于上述您选择和补充的工程科技，您认为目前国际上的领先国家是：

工程科技名称 （填写D1题选项编号或工程科技名称）	美国	英国	德国	法国	日本	中国	其他 （请注明）	不清楚
	1	2	3	4	5	6	7	8
	1	2	3	4	5	6	7	8
	1	2	3	4	5	6	7	8
	1	2	3	4	5	6	7	8

续表

工程科技名称 （填写 D1 题选项编号或 工程科技名称）	美国	英国	德国	法国	日本	中国	其他 （请注明）	不清楚
	1	2	3	4	5	6	7	8
	1	2	3	4	5	6	7	8

D5. 对于上述您选择和补充的工程科技，您认为 2040 年的产业化前景如何？

工程科技名称 （填写 D1 题选项编号或工程科技名称）	非常好	比较好	一般	不好	不清楚
	1	2	3	4	5
	1	2	3	4	5
	1	2	3	4	5
	1	2	3	4	5
	1	2	3	4	5
	1	2	3	4	5

E1. 居民生活水平逐步提高，对医疗服务的需求趋向多层次和多样化。更具针对性的个体化治疗方案，突破距离和环境限制的远程会诊和远程诊断等高品质就医服务或成为未来医疗卫生产业发展的重要方向。您认为在实现健康医疗信息化、搭建区域远程医疗平台方面，最重要的三项工程科技是：（最多选 3 项）

编号	工程科技名称	勾选
1	新药发现研究与制药工程关键技术	
2	智能药物递送体系与新型药物制剂技术	
3	基于组学大数据的疾病预警及风险评估技术	
4	基于生物医学大数据的个性化健康管理技术	
5	基于分子检测和分子影像的精准诊断及疗效评价技术	
6	体液免疫及修饰性免疫细胞治疗新技术	

续表

编号	工程科技名称	勾选
7	细胞与组织修复及器官再生的新技术与应用	
8	基于合成生物学的人工生物系统建立技术	
9	慢性病防控工程与治疗关键技术（包括肿瘤、心脑血管疾病、糖尿病、慢性阻塞性肺病及肾脏疾病等）	
10	预防及干预药物与疫苗研发关键技术	
11	应对突发疫情、生物恐怖等生物安全关键技术	
12	食品安全防控识别体系及安全控制技术	
13	环境污染与人类健康关系综合评价技术及相关疾病防治技术	
14	不孕不育治疗体系优化	
15	人工智能与大脑模拟关键技术	
16	新型生物材料与纳米生物技术	
17	生物3D打印技术及生物4D打印技术的研发与应用	
18	基于声、光、电、磁的新型诊断治疗技术	
19	中药资源保护、先进制药和疗效评价技术	
20	面向社区的健康大数据及智能健康管理系统	

E2. 您认为还有哪些工程科技是实现远程医疗的关键？

（1）_____；

（2）_____；

（3）_____．

E3. 对于上述您选择和补充的工程科技，您认为目前我国的研发水平如何？

工程科技名称 （填写E1题选项编号或工程科技名称）	国际先进	国际一般	落后5—10年	落后10年以上	不清楚
	1	2	3	4	5
	1	2	3	4	5
	1	2	3	4	5
	1	2	3	4	5
	1	2	3	4	5

续表

工程科技名称 （填写 E1 题选项编号或工程科技名称）	国际先进	国际一般	落后 5—10 年	落后 10 年以上	不清楚
	1	2	3	4	5

E4. 对于上述您选择和补充的工程科技，您认为目前国际上的领先国家是：

工程科技名称 （填写 E1 题选项编号或 工程科技名称）	美国	英国	德国	法国	日本	中国	其他 （请注明）	不清楚
	1	2	3	4	5	6	7	8
	1	2	3	4	5	6	7	8
	1	2	3	4	5	6	7	8
	1	2	3	4	5	6	7	8
	1	2	3	4	5	6	7	8
	1	2	3	4	5	6	7	8

E5. 对于上述您选择和补充的工程科技，您认为 2040 年的产业化前景如何？

工程科技名称 （填写 E1 题选项编号或工程科技名称）	非常好	比较好	一般	不好	不清楚
	1	2	3	4	5
	1	2	3	4	5
	1	2	3	4	5
	1	2	3	4	5
	1	2	3	4	5
	1	2	3	4	5

F1. 在您认为我国医疗卫生产业最有可能的发展方向 1，最重要的工程科技是：

（1）_____；

（2）_____；

（3）_____.

F2. 对于上述您提出的工程科技，您认为目前我国的研发水平如何？

工程科技名称 （填写 F1 题工程科技名称）	国际先进	国际一般	落后 5—10 年	落后 10 年以上	不清楚
	1	2	3	4	5
	1	2	3	4	5
	1	2	3	4	5
	1	2	3	4	5
	1	2	3	4	5
	1	2	3	4	5

F3. 对于上述您提出的工程科技，您认为目前国际上的领先国家是：

工程科技名称 （填写 F1 题工程科技名称）	美国	英国	德国	法国	日本	中国	其他 （请注明）	不清楚
	1	2	3	4	5	6	7	8
	1	2	3	4	5	6	7	8
	1	2	3	4	5	6	7	8
	1	2	3	4	5	6	7	8
	1	2	3	4	5	6	7	8
	1	2	3	4	5	6	7	8

F4. 对于上述您提出的工程科技，您认为2040年的产业化前景如何？

工程科技名称 （填写 F1 题工程科技名称）	非常好	比较好	一般	不好	不清楚
	1	2	3	4	5
	1	2	3	4	5
	1	2	3	4	5
	1	2	3	4	5
	1	2	3	4	5
	1	2	3	4	5

G1. 在您认为我国医疗卫生产业最有可能的发展方向 2，最重要的工程科技是：

（1）_____；

（2）_____；

（3）_____.

G2. 对于上述您提出的工程科技，您认为目前我国的研发水平如何？

工程科技名称 （填写 G1 题工程科技名称）	国际先进	国际一般	落后 5—10 年	落后 10 年以上	不清楚
	1	2	3	4	5
	1	2	3	4	5
	1	2	3	4	5
	1	2	3	4	5
	1	2	3	4	5
	1	2	3	4	5

G3. 对于上述您提出的工程科技，您认为目前国际上的领先国家是：

工程科技名称 （填写 G1 题工程科技名称）	美国	英国	德国	法国	日本	中国	其他 （请注明）	不清楚
	1	2	3	4	5	6	7	8
	1	2	3	4	5	6	7	8
	1	2	3	4	5	6	7	8
	1	2	3	4	5	6	7	8
	1	2	3	4	5	6	7	8
	1	2	3	4	5	6	7	8

G4. 对于上述您提出的工程科技，您认为2040年的产业化前景如何？

工程科技名称 （填写 G1 题工程科技名称）	非常好	比较好	一般	不好	不清楚
	1	2	3	4	5
	1	2	3	4	5
	1	2	3	4	5
	1	2	3	4	5
	1	2	3	4	5
	1	2	3	4	5

H1. 在您认为我国医疗卫生产业最有可能的发展方向3，最重要的工程科技是：

(1) _____；

(2) _____；

(3) _____．

H2. 对于上述您提出的工程科技，您认为目前我国的研发水平如何？

工程科技名称 （填写 H1 题工程科技名称）	国际先进	国际一般	落后 5—10 年	落后 10 年以上	不清楚
	1	2	3	4	5
	1	2	3	4	5
	1	2	3	4	5
	1	2	3	4	5
	1	2	3	4	5
	1	2	3	4	5

H3. 对于上述您提出的工程科技，您认为目前国际上的领先国家是：

工程科技名称 （填写 H1 题工程科技名称）	美国	英国	德国	法国	日本	中国	其他 （请注明）	不清楚
	1	2	3	4	5	6	7	8
	1	2	3	4	5	6	7	8
	1	2	3	4	5	6	7	8
	1	2	3	4	5	6	7	8
	1	2	3	4	5	6	7	8
	1	2	3	4	5	6	7	8

H4. 对于上述您提出的工程科技，您认为 2040 年的产业化前景如何？

工程科技名称 （填写 H1 题工程科技名称）	非常好	比较好	一般	不好	不清楚
	1	2	3	4	5
	1	2	3	4	5
	1	2	3	4	5
	1	2	3	4	5
	1	2	3	4	5
	1	2	3	4	5

附录二

能源行业工程科技需求预见调查问卷

背景介绍：

本项目由中国工程院与国家自然科学基金共同组织发起，旨在从需求的角度，预测2040年中国经济社会发展对工程科技的需求。本问卷为2040年中国能源领域工程科技需求调查。

根据习近平总书记提出的新"两步走"发展战略，到2035年我国将基本实现现代化，到2050年全面建成社会主义现代化强国。2040年，随着工业化和城镇化基本完成，我国将整体进入高级城市型社会，人口总量处于达峰后的下降通道，人民生活水平不断提高。

能源发展应满足经济社会发展和人们生产生活的能源需求，保障国家能源安全。经济社会发展新阶段对能源的需求也将产生变化。到2040年，我国能源领域也将发生重大变化。能源生产、消费总量和温室气体排放总量都将处于达峰后的下降通道；能源生产结构将会出现较大变化，煤炭的占比尽管将会进一步下降，但仍然最大；在能源消费结构方面，化石能源的占比将进一步下降，清洁能源占比也将有所提升；以工业用能为主过渡到以居民家庭能源消费、交通部门消费为主；能源技术将取得重大突破，分布式、多元化、智能化、集成化是主要发展方向。

基于上述能源发展愿景描述，结合我国能源资源禀赋状况以及能源技术发展的基本规律，到2040年我国经济社会发展对能源工程科技需求大致有以下五个方面。**第一**，从**能源消费**的角度来看，要满足经济社会发展需求，对节能技术的需求增加；**第二**，从**能源供给**的角度来看，由于传统化石能源在我国能源体系中的基础性地位还无法替代，需要大力发展化石能源清洁高效开发利用技术；**第三**，从**能源安全**的角度看，为了扭转油气对外依存度持续快速攀升的局面，提升油气资源国内保障能力，对油气勘探开发技术的需求增加；**第四**，从**环境约束**的角度看，随着温室气体减排标准不断提高和环境监管政策不断趋严，对清洁能源技术、可再生能源技术的需求增加；**第五**，从**能源管理**的角度看，为了提高能源系统整体效率，对智能电网、储能等技术的需求增加。

现诚邀您作为能源领域专家，基于 2040 年中国经济社会和能源发展愿景的描述，给出 20 年后中国经济社会发展对能源领域的工程科技需求。

填写说明：

（1）专家对能源领域工程科技的熟悉程度

5——非常熟悉：已从事能源研究或相关工作 15 年以上，专业知识十分熟悉；

4——很熟悉：已从事能源研究或相关工作 10 年以上，专业知识比较熟悉；

3——较熟悉：已从事能源研究或相关工作 5 年以上，专业知识比较熟悉；

2——一般：曾经从事过能源研究或相关工作，具有一些能源领域的专业知识；

1——不熟悉：不曾看过有关能源领域书籍和文献资料。

（2）重要性判断

5——很重要：能形成自主知识产权，对传统产业升级改造有重大促进作用或形成新的产业，对社会公益事业有重大推动作用；

4——重要：可能形成自主知识产权，对传统产业升级改造有较大促进作用，对社会公益事业有较大推动作用；

3——一般：能促进现有产业技术的改造，提高生产效率；

2——不重要：对我国能源技术、经济、社会发展作用不大或根本不具备产业基础，无法产业化而不能产生影响；

1——不清楚。

（3）当前研发水平

5——国际顶尖水平；

4——国际先进水平；

3——国际一般水平；

2——落后 5—10 年；

1——落后 10 年以上。

（4）发展路径

5——高度自主；

4——自主开发；

3——联合开发；

2——引进、模仿再创新；

1——依靠进口。

（5）产业化前景

5——很大；

4——大；

3——较大；

2——一般；

1——小。

结合以上愿景和填写说明，请您在下列指示栏内填入相应数字（1—5）。

问卷部分：

一、煤炭在能源结构中的比重将进一步下降，但是资源禀赋状况决定了煤炭是主要基础能源，在相当长的时期煤炭仍将是我国的主要能源之一，因此，到2040年，化石能源尤其是煤炭的洁净和高附加值利用技术将成为重要的需求方向。请您对下列煤炭绿色开发和高效清洁低碳发电技术进行判断。

1. 请您对以下煤炭绿色开发和高效清洁低碳发电技术进行打分。

		熟悉程度	重要程度	国内研发水平	发展路径	产业化前景
C101	煤矿开采地质条件评价及其探测关键技术					
C102	深部和特大型矿井安全开采关键技术					
C103	煤炭洗选与提质关键技术					
C104	煤炭开采与生态环境保护关键技术					
C105	煤炭及其共伴生资源智能化协同开采技术体系					
C106	新一代IGCC与IGFC发电及多联产技术					
C107	700°C先进超超临界燃煤发电技术					
C108	先进循环流化床发电技术					
C109	煤炭分质、分级转化利用技术					
C110	先进二氧化碳捕集、利用和封存技术					

2. 请写下您认为目前煤炭绿色开发和高效清洁低碳发电技术发展的主要瓶颈或短板：

_____

3. 请写下您认为煤炭绿色开发和高效清洁低碳发电技术发展的关键核心技术方向：

4. 请写下您认为煤炭绿色开发和高效清洁低碳发电技术发展的其他重要需求方向：

5. 您提到的煤炭绿色开发和高效清洁低碳发电技术的当前研发水平和产业化前景如何？

二、考虑到日益严峻的能源与环境问题，且从汽车技术自身发展趋势来看，发展电动车、新型轨道交通和电气化交通，实现车辆节能化、动力电气化、排放清洁化，是交通能源科技发展的重要方向。请您对下列新能源汽车技术进行判断。

1. 请您对以下新能源汽车技术进行打分。

		熟悉程度	重要程度	国内研发水平	发展路径	产业化前景
C201	电机驱动技术					
C202	电池技术					
C203	集成电力电子技术					

续表

		熟悉程度	重要程度	国内研发水平	发展路径	产业化前景
C204	混合动力和纯电动汽车整车技术					
C205	新型轨道交通技术					

2. 请写下您认为目前新能源汽车技术发展的主要瓶颈或短板：

3. 请写下您认为新能源汽车技术发展的关键核心技术方向：

4. 请写下您认为新能源汽车技术发展的其他重要需求方向：

5. 您提到的新能源汽车技术的当前研发水平和产业化前景如何？

三、构建智能电网，发展适应大规模可再生能源接入技术、融合分布式可再生能源的微电网技术，发展直流电网模式或交直流电网模式，发展规模化新型电能存储技术是电力工程科技发展的主要目标，请您对下列电力输配及电网运行安全稳定技术、储能新技术

进行判断。

1. 请您对以下输配及电网运行安全稳定技术、储能新技术进行打分。

		熟悉程度	重要程度	国内研发水平	发展路径	产业化前景
C301	高压大容量柔性直流输电技术					
C302	规模化新型电能存储技术					
C303	规模化车网融合互动技术					
C304	电力用户与电网深度互动技术					
C305	以智能电网为基础的综合能源系统					
C306	高电压、大功率新型电力电子装置					
C307	高温超导电力装备及应用技术					
C308	电网运行态势感知与韧性电网					
C309	大型电力储能技术					

2. 请写下您认为智能电网技术、储能新技术发展的主要瓶颈或短板：

_____

_____

_____

3. 请写下您认为智能电网技术、储能新技术发展的关键核心技术方向：

_____

_____

4. 请写下您认为智能电网技术、储能新技术发展的其他重要需求方向：

5. 您提到的智能电网技术、储能新技术的当前研发水平和产业化前景如何？

四、可再生能源在能源结构中的比例将进一步提高，对可再生能源的规模化利用将是重要的发展方向。请对下列可再生能源技术进行判断。

1. 请您对以下可再生能源技术进行打分。

		熟悉程度	重要程度	国内研发水平	发展路径	产业化前景
C401	高效光伏环保型功能材料技术					
C402	大型中高速永磁风电机组关键技术					
C403	农林畜牧废弃物能源化工技术					
C404	增强型地热发电工程技术					
C405	多馈入大规模特高压直流水电消纳和调峰关键技术					
C406	大规模可再生能源电解水制氢技术					

续表

		熟悉程度	重要程度	国内研发水平	发展路径	产业化前景
C407	高效率聚光器及聚光场设计技术					
C408	主动型生物质能源的培育与转化技术					
C409	大型直驱永磁风电机组关键技术					
C410	低风速风电机组关键技术					
C411	高可靠光伏建筑一体化智能微网技术					

2. 请写下您认为可再生能源技术发展的主要瓶颈或短板：

3. 请写下您认为可再生能源技术发展的关键核心技术方向：

4. 请写下您认为可再生能源技术发展的其他重要需求方向：

5. 您提到的可再生能源技术的当前研发水平和产业化前景如何？

五、我国已成为油气生产与消费大国，但油气资源国内保障程度较低，难以满足巨大的能源需求，油气对外依存度持续快速攀升。为了提高油气资源国内保障能力，我国油气勘探开发需要向陆上深层、海域深水、非常规油气、"双高"老油田、复杂油气藏方向发展，请您对以下油气勘探、开采技术（统称油气工程技术）进行判断。

1. 请您对以下油气勘探、开采技术（统称油气工程技术）进行打分。

		熟悉程度	重要程度	国内研发水平	发展路径	产业化前景
C501	基于大数据的数字盆地与剩余资源预测评价技术					
C502	纳米机器人井下油气快速开采技术					
C503	宽频带、宽方位、高覆盖地球物理勘探技术					
C504	低品位—非常规油气清洁高效压驱一体化技术					
C505	实时测量、评价、导向一体化智能随钻测井技术					
C506	钻井实时智能优化钻井系统（自动化钻井）					
C507	无水压裂技术					
C508	天然气水合物大规模安全经济开采关键技术与装备					
C509	超深层油气成藏理论与有效开发技术					
C510	海洋深水钻完井与事故快速处理技术及装备					
C511	无钻机探测技术					
C512	煤层气、页岩气大规模高效勘探开发技术					

2. 请写下您认为油气工程技术发展的主要瓶颈或短板:

3. 请写下您认为油气工程技术发展的关键核心技术方向:

4. 请写下您认为油气工程技术发展的其他重要需求方向:

5. 您提到的油气工程技术的当前研发水平和产业化前景如何?

六、随着温室气体减排标准不断提高和环境监管政策不断趋严,我国将大力发展清洁能源。核能的安全利用,将有效推进清洁能源的发展。请您对以下核电技术、核电装备及配套、核废料处理技术进行判断。

1. 您对以下核电技术、核电装备及配套、核废料处理技术(统称核能工程科技)进行打分。

		熟悉程度	重要程度	国内研发水平	发展路径	产业化前景
C601	一体化燃料循环的自主大型商用快堆技术					
C602	耐事故燃料元件技术					
C603	核电站消除大规模放射性物质释放安全技术					

续表

		熟悉程度	重要程度	国内研发水平	发展路径	产业化前景
C604	非常规铀资源综合开发技术					
C605	高放废物深地质处置关键技术					
C606	先进核能系统的核燃料后处理技术					
C607	激光抑制凝聚法同位素分离技术					
C608	铀资源多维智能化勘查技术					
C609	Z-箍缩驱动聚变裂变混合堆技术					
C610	全智能一体化小型模块式反应堆技术					
C611	核能制氢及氦气透平发电技术					
C612	在役反应堆高放射性条件下设备状态监测、维修及评价技术					

2. 请写下您认为核能工程科技发展的主要瓶颈或短板：

3. 请写下您认为核能工程科技发展的关键核心技术方向：

4. 请写下您认为核能工程科技发展的其他重要需求方向：
_____
_____
_____

5. 您提到的核能工程科技的当前研发水平和产业化前景如何？
_____
_____
_____

6. 您认为除核能外，还有哪些重要的清洁能源技术方向？当前研发水平和产业化前景如何？
_____
_____
_____

七、为了保障能源安全，满足未来经济社会发展对清洁、高效、绿色、低碳、智慧、多元化能源的需求，您认为能源领域工程科技还有哪些最有可能的发展方向？
_____
_____
_____

这些工程科技实现突破性发展的关键是什么？
_____
_____
_____

这些工程科技的当前研发水平、产业化前景如何？
_____

_____
_____
_____

感谢您抽出宝贵时间参与本问卷调查,感谢您对本课题给予的大力支持和帮助!

后　记

本书获得了中国社会科学院技术经济学重点学科登峰计划、国家自然科学基金应急管理项目"基于问卷调查的若干重点产业未来发展对工程科技的需求研究"（L1724038）、中国社会科学院数量经济与技术经济研究所创新工程的资助。

本书撰写的具体分工如下：王宏伟总负责。第一章，国内外关于科技需求的相关文献综述，董宝奇、庄芹芹、陈多思、朱雪婷和王聪负责撰写。第二章，产业发展对工程科技需求的机理研究，朱承亮、王宏伟和庄芹芹负责撰写。第三章，产业发展对工程科技需求分析方法研究与各国实践应用，王宏伟、张静、马茹和董宝奇负责撰写。第四章，重点产业发展对工程科技需求的研究框架、研究方法和实施过程，王宏伟和庄芹芹负责撰写。第五章，2040年中国经济发展预测及愿景分析，娄峰、王宏伟、吴滨、张友国、刘强等负责撰写。第六章，基于国家重大战略的工程科技发展需求分析，张茜、朱承亮和董宝奇负责撰写。第七章，基于未来重点产业发展的工程科技发展需求分析，王宏伟、张艳芳和张静负责撰写。

感谢中国工程院院士王礼恒，中国社会科学院学部委员、中国工程院院士李京文，国务院发展研究中心研究员吕薇，中国社会科学院数量经济与技术经济研究所所长李平，中国科学技术协会创新战略研究院院长任福君，北京师范大学教授郑永和，中国航天系统科学与工程研究院研究员王崑声、研究员周晓纪，对本书给予的中肯指导；感谢国家自然科学基金委员会龚旭处长和孙粒处长以及多位各领域的专家学者给出的宝贵意见。感谢中国科学技术协会创新战略研究院副所长刘萱、东北大学秦皇岛分校副教授任嵘嵘在调研中给予的大力支持。这里还要特别感谢德高望重的李京文院士为本书撰序。本书虽然经过了数次修改，但仍然有许多不足之处，敬请各位专家学者不吝赐教，批评指正。

王宏伟

2021 年 2 月